Eurus

Notus

翁 邦雄
Kunio Okina

人の心に働きかける経済政策

Boreas

岩波新書
1908

はじめに

- 二〇二〇年、新型コロナウイルス感染症 COVID-19 が急速に拡大した。同年三月に成立した日本の「新型インフルエンザ等対策特別措置法」では、強い罰則を伴う行動禁止や外出制限(ロックダウン)はできない。感染の急速な拡大を緩和するために、政府にとっては、国民の心に働きかけることで人々に行動変容(三密回避やソーシャル・ディスタンス)を求めることがなにより重要になった。
- 金融政策の分野では、二一世紀に入るころから、中・長期金利の誘導や予想インフレ率をコントロールする観点から、人々の期待への働きかけがキーワードとされてきた。

この心および期待への「働きかけ」はそっくりにも聞こえる。しかし、背景としている人間観(ないし経済学)に根本的な違いがある。その違いを理解し、補完的に活用することは、今後、公共政策を考えるうえでますます重要になっていくはずだ。なぜなら人間には両面があるからだ。それを示すことが、この本のテーマである。

現在、主要先進国では、公的当局が政策を企画・立案し説明するうえで、経済学がきわめて大きな役割を果たしている。経済政策全般への経済学の影響は大きい。その大きな理由は、経済学の基本構造にある。

経済学の基礎は、個人や企業の行動を扱うミクロ経済学であり、この経済学は「人間は満足度(効用)を最大化する」という仮定が出発点になっている。人間がある行動を選択する場合、何らかの意味で自分にとって一番満足度の高いものを選んでいるはずだ。だから、この仮定は自明にもみえる。人間は使えるお金や時間を最大限有効に使い、満足(効用)が最大になるように行動する。この仮定は「制約条件付きの最大化問題」を出発点として数学的な分析枠組みに馴染みやすく、さまざまな政策の帰結もきれいに導けることが多い。

ただ、第二次大戦前の米国の大恐慌に、当時のミクロ経済学的な主流派経済学ではうまく対処できなかった。そして、多くの国が大恐慌の後遺症に悩まされていた一九三六年、ジョン・メイナード・ケインズが発表した「雇用・利子および貨幣の一般理論」はマクロ経済学という新しい分野を切り開き、経済学にはマクロ経済学とミクロ経済学という二大分野が存在する、と考えられるようになった。

その状態はかなり長く続いた。

一九七三年、アクセル・レイヨンフーヴッドは「エコン族の生態」という軽妙なエッセイを発表している。このエッセイは、経済学界を文化人類学的に分析する、といった体裁で当時の欧米の経済学界を揶揄している。

内容は辛辣である。経済学者を未開種族(「エコン族」)に擬《なぞら》え、戯作であることを示すために物々しい言い換え(モデル〈Model〉にあたるものをモドゥル〈Modl〉と呼ぶなど)を多用しているが、こんな書き出しになっている。

……エコン族における身分は儀式のためのモデルづくりの腕前で決まる。しかし、モデルの大半はほとんど実用性がない。エコン族の二大種族(カースト)として、経済全体の動きを扱うマクロ族と、個別の経済主体の合理的行動により市場を分析するミクロ族がある。二つの種族は使っているモデルが異なるので決して婚姻関係を結ばない。両種族の上位の司祭階級として数理経済学族があり、下位のカーストとして開発経済学族がある。数理経済学族が崇められるのは、儀式用のモデルを数式で飾り立てようとするエコン族の風潮による。開発経済学族が下位に位置づけられているのは、彼らが政治学族や社会学族といった他民族との接触という禁忌を犯していることによる。

この辛辣なコメントには、同意できない部分と共感できる部分がある。まず、経済学のモデル分析にはきわめて実用性が高いものが多く含まれる。ほとんど実用性がない、というコメントには、おそらくは高名なマクロ経済学者であるレイヨンフーヴッドの謙遜が含まれており、真に受けてはいけないだろう。他方、数理経済学への崇拝とモデルを数式で飾り立てようとする傾向は強まる一方にみえる。知りたい問題に答えを出すより、数学的に解けることを優先して問題を設定しているようにみえる場合さえある。また、他の社会科学分野に対する優越感ないし冷淡な傾向があったことも否めない。

しかし、レイヨンフーヴッドがこのエッセイを書いてから約五〇年経った二〇二〇年の時点で、経済学を巡る状況には、当時から大きく変化しているところがある。

本書に関連する大きな変化は二つある。

第一の変化は、レイヨンフーヴッドの時代に、独自のモデルをもっていたマクロ経済学がミクロ経済学に吸収・統合されたことである。ミクロ経済学化されたマクロ経済学は、家計や企業が効用や利潤を最大化する行動を基礎にもち、それを経済全体（マクロ経済）にいわば相似形で拡大した精緻な分析枠組みである。現代のマクロ経済学で「期待への働きかけ」が重要、と言うとき、前提とされているのは、経済を構成している家計や企業が将来の経済変数についてもつ確率的な期待(値)への働きかけであり、マクロ経済学をミクロ化することでそれが経済の経路を左右する最重要なもの、と位置づけられるようになった。

第二の変化は、「人間は効用を最大化する」ことの意味を掘り下げる動きである。確かに、人間が自分にとって一番満足度の高い行動を選択していることは疑いない。しかし、その行動は、ミクロ経済学が当然視しているような確率的な期待値の最大化ではないのではないか。心理学者が新たな道を切り開き、それに関心をもった一部の経済学者は心理学者と共同研究を始めた。レイヨンフーヴッドの言う「他民族との接触」という禁断の領域に踏み込んだのである。その結果、心理学と経済学の学際分野である行動経済学が発展した。行動経済学は、二〇〇〇年以降、ノーベル経済学賞(ノーベルの遺言に基づく賞ではなく「アルフレッド・ノーベル記念経済学スウェーデン国立銀行賞」が正式名称だが)の受賞者を何人か出している。その実用性の高さから世間の関心も高く、岩波新書の一冊である大竹文雄氏の『行動経済学の使い方』(二〇一九年)も多くの人に愛読されているようである。行動心理学に基づけば、ヒトの判断は、選択肢の見せ方(フレーミング)によって大きく変わりうる。

一九三〇年代にマクロ経済学を切り開いたケインズは、一般理論のなかで、われわれの活動の大部分は、数学的期待値に依存するよりは、むしろおのずと湧きあがる楽観に左右され不安定性がある、とした。人間の意思決定の大部分は、アニマル・スピリッツと呼ばれる人間本来の衝動の結果であって、数量化された利得に数量化された確率を掛けた加重平均の結果として行われるのではない、と主張したのである。

行動経済学者の草分けのひとりでノーベル賞を二〇一七年に受賞したリチャード・セイラー（シカゴ大）は、著書のなかで、ケインズこそが行動経済学的アプローチの先駆者だった、とした。そのうえで、「現実に即した行動学的アプローチをいちばん取り入れてほしい経済学の分野を1つ選ぶとしたら、マクロ経済学だろう。残念ながら行動学的アプローチがいちばん影響を与えていないのが、マクロ経済学である。しかし、金融政策や財政政策という大きな問題は、どの国の厚生にとってもきわめて重要であり、そうした政策を賢明に選択するには、ヒューマンを理解することが欠かせない」（セイラー、『行動経済学の逆襲（下）』277-278）と述べている。

現在のマクロ経済学のモデルでは、モデルの世界に住む人々は、基本的に自分の住んでいる世界の経済構造を理解したうえで、合理的期待に沿って行動すると想定されている。論理的に明晰で切れ味が鋭く、国際機関や学界、各国中央銀行の調査部門にとって不可欠の分析ツールである。このため、各国調査スタッフ間のコミュニケーション・ツールとしても使用されている。

とはいえ、マクロ経済を構成する企業や一般市民の多くはモデルの基本的想定である合理的期待に沿って行動してくれないうえに、マクロ経済は代表的個人の相似拡大形にはほど遠い。このため、モデルの示す処方箋に沿った金融政策は必ずしも中央銀行が期待した結果を生み出してはいない。

実際の市民は、必ずしも合理的期待に沿った行動をしていない。しかし、だからと言って、経済学者や中央銀行が「人間は合理的期待に沿って行動すべきであり、人々がそのように行動しないことでさまざまな問題が生じている」と考えるとすれば、それは僭越と言わざるを得ない。人間はそうあるべき存在とは言えないし、また、合理的期待に沿って行動する人々で構成される経済や社会の方が安定的で住みやすい、とはとても言えない。

応用ミクロ経済学となった現在のマクロ経済学は個々の人の最適化行動に着目するが、人間が人間であることに伴う行動経済学的視点は十分に生かされていない。両者は補完的に用いられるべきではないだろうか。

レイヨンフーヴッドは、経済学者をエコンと呼んだ。しかし、この本では、以下、合理的に満足を最大化しようとする人を「エコン」と呼ぶことにする。また、経済を構成する個人や企業が基本的にエコンであることを前提とした現在の主流派経済学を「メインストリームの経済学」と呼ぶ。その意味では経済学に大きな足跡を残した巨人たち――例えば、ケインズ、キンドルバーガー、ミンスキー、といった人たちの理論は、必ずしも、ここでの「メインストリームの経済学」には含まれない。また、エコンの合理性から逸脱して行動してしまう人間を「ヒト」と呼ぶことにする。一般市民のみならず、経済学者も中央銀行員も大半はヒトとして行動していることがあるはずである。エコンとヒトを特に区別していない場合には、人、人々などエコン、ヒト以外の表現を使うことにする。

目　次

はじめに

第1章　自己実現的予言……………………………………………1

日本におけるトイレットペーパー・パニックと銀行取り付け／メインストリームの経済学とバブルは折り合いが悪い／銀行取り付け等はなぜ起きるのか：メインストリームの経済学の複数均衡による説明／人間は、なかなかパニックを起こさない：正常性バイアス／パニックを起こす四つの条件／金融市場にも正常性バイアスが働く：ドーンブッシュの法則

第2章　ヒトはどのように判断・行動しているのか……………………23

メインストリームの経済学による公共政策の基礎

1　行動経済学の知見　25
現在バイアスの罠／サンクコストの罠／責任者は深みにはまる：膝まで泥まみれ／人間のなかには二つのシステムがある／自動システムは原始的か／ＡＩと人間の「ヒューリスティック」の違い／人間としての成長は人間をエコンから遠ざける／人間にとっての社会規範の重要性／人間は損失を嫌う：プロスペクト理論
2　ヒトの心への働きかけ：フレーミングとナッジ　49
フレーミング・選択アーキテクチャ／プライミング効果／ナッジ／ナッジの公共政策への応用／ナッジの倫理的課題／行動経済学的な人間像
第3章　マクロ的な社会現象へのフレーミングやナッジ……59
1　米中貿易摩擦と日米貿易摩擦：ポジティブなフレーミングの陥穽　60
中国から見た日米貿易摩擦／「国際協調」というポジティブなフレーミング／非対称的な国際協調の陥穽
2　日本の移民政策：フレーミングが強める現在バイアス　70
「新三本の矢」／日本は日本人の国として高齢化し収縮していくのか／「定住外国人」というフレーミングのリスク／将来の日本社会を混迷さ

せる現在バイアス
3　新型コロナ対策：ナッジと社会規範の重要性　81
新型コロナウイルス禍の幕開け／各国の感染対策／日本の対策におけるナッジの要素／ウイルスの感染拡大とストーリーの感染拡大には類似性がある

第4章　メインストリームの経済学の「期待への働きかけ」……………93
1　メインストリームのマクロ経済学が考える金融政策の枠組み　94
金融政策の基本：安定化政策としての金利操作／自然利子率と中央銀行の誘導金利の規範的関係／インフレ率はどこに落ち着くか／期待への働きかけの重要性／インフレ目標政策の歴史的出発点／金融危機後の状況／その後のニュージーランド
2　物価安定をどう定義すべきか　109
グリーンスパンによる物価安定の定義／物価測定が困難になってきた理由／物価測定をより困難にする経済の急激な変化

第5章　「期待に働きかける金融政策」としての異次元緩和……………121
異次元緩和の出発点
1　公開市場操作からみた異次元緩和　125
量的緩和についての二つの考え方／公開市場操作のメカニズム／異次元緩和下でマネタリーベースを激増させることができる理由／当座預金への付利は売出手形売却と同じ資金吸収手段／自由に預金を引き出してはいけない日銀当座預金
2　「期待への働きかけ」の帰結　137
エコノミスト・金融市場関係者は懐疑的／家計の反応はエコノミストを下回る／家計は異次元緩和に関心をもたなかった／日本の状況はグリーンスパンの物価安定の定義を満たしていた／グリーンスパン的な物価安定脱却の二つの方法／異次元緩和に欠落していた家計にとってポジティブなストーリー／物価が上がっても賃金は上がらない／心理的衝撃を与えるサプライズの試み／物価上昇につながるフレーミングとナッジ／ピーターパンは飛ばなかった
第6章　物価安定と無関心……………………………………161

目　次

1　物価安定のあるべき姿とその達成手段　162
インフレ目標を二%とする理由／金融政策の「のり代」を巡る議論の変化／インフレ目標引き上げ論の高まり／インフレ目標引き上げ論へのイエレン議長とバーナンキ元議長の反応／国により「のり代」は異なる／「グローバル・スタンダード」という片思い／「のり代」はいつ作るのか／「物価への無関心」を障害と考えるのは本末転倒

2　ニューノーマルを超えて　177
正常性バイアスを壊さずインフレ率を上げることはできるか／コロナ禍での財政政策の復権とその金融政策への影響／正常性バイアスからみた物価の財政理論／財政インフレとインフレ目標

あとがき　187

付録：金融政策に関するノート

文献案内と脚注的補論

第1章　自己実現的予言

人々の合理的な行動を前提とするメインストリームの経済学は、概して予定調和的で経済変数は唯一の合理的な「均衡」に向かって動く、と想定されている。「均衡」は落ち着くべきところ、というような地点である。しかし、メインストリームの経済学のモデルでも起きうる予定調和的でない現象として「自己実現的予言による複数均衡」がある。落ち着きどころが一つに決まらない場合である。この自己実現的予言には心理的側面がからむ。

そこで、この話から始めよう。

自己実現的予言とはどのような現象なのだろうか。

例えば、トイレットペーパー・パニックは、実際にはメーカーや問屋に在庫が潤沢にあっても、消費者が「ひょっとして売り切れてしまうのでは」、という不安を感じてドラッグストアに殺到することで実際に売り切れが起きる現象である。トイレットペーパーが売り切れで買えなくなる、という不吉な予言は消費者をドラッグストアに殺到させることで成就し(自己実現)、実際に商品棚からトイレットペーパーが消えてしまう。

銀行取り付けについても同様のメカニズムが成り立つ。銀行が破綻して預金が下ろせなくなるのでは、という不安で預金者が銀行の窓口にならび、一斉に預金を引き出そうとすると、その行動で自己実現的に銀行の破綻が成就してしまう。

これらが自己実現的予言と呼ばれる現象である。この現象は、「平穏な日常の経済活動」という均衡状態から「物不足や銀行取り付け」というパニックへのジャンプを引き起こす。発端がＳＮＳへのいたずらの書き込みや、誰かの妄想に近い不安心理であっても、それが拡散したときに、この現象に巻き込まれる消費者や預金者の行動——念のためにトイレットペーパーを確保しようとしたり、預金を下ろしておこうとする行動——には明らかに当事者にとっての合理性がある。

自己実現的予言は、経済分析上の汽水湖的な領域とも言える。汽水は淡水と海水が混じりあった水であり、島根県にある宍道湖《しんじこ》や中海は汽水湖として知られる。汽水湖には海の世界や淡水湖の世界とは異なる独特の生態系が生まれる。人々の経済行動は本来、汽水湖的な側面が色濃くあり、経済合理的な判断と心理的な判断が入り混じっている。しかし、そのことは、合理的行動といういわば淡水の世界を想定したメインストリームの経済学による分析では通常、意識されない。しかし、自己実現的予言による複数均衡の世界は、経済行動における人間の心理的側面の重要性を強く示唆している。

日本におけるトイレットペーパー・パニックと銀行取り付け

自己実現的予言の具体例として、日本人がたびたび経験してきたトイレットペーパー・パニックと銀行取り付けの事例について具体的に振り返ってみよう。

トイレットペーパー・パニックが最初に社会問題になったのは第一次オイルショック、狂乱物価のときだった。一九七三年一〇月一九日、中曽根康弘通商産業大臣(当時)が「紙節約の呼びかけ」を発表した。一〇月下旬、「紙がなくなる」という噂が流れはじめる。

一一月一日午後、大阪千里ニュータウンの大丸ピーコックストアは激安の特売広告に「紙がなくなる!」と書いた。すると300人近い主婦の列ができ、2時間のうちにトイレットペーパー500個が売り切れた。その後で来店した客が広告の品物がないことに苦情をつけ、店では特売品でなく値段の高いトイレットペーパーをならべた。しかし、それもたちまち売り切れた。噂を聞いた新聞社が「あっと言う間に値段は二倍」と書いた。

その日のうちにこのスーパーでトイレットペーパーを奪い合う様子が新聞やテレビで大きく報道され、騒ぎは関西地方全域に広がった。二日には兵庫県尼崎市で、83歳のおばあさんが、殺到する主婦に押し倒され、足の骨が折れる大けがを負った。

関西でのトイレットペーパー騒動はいったん鎮静化したが、買いだめ騒動は全国へ飛び火し、対象商品は、洗剤、砂糖、食用油、しょうゆ、灯油から専売品であった塩にまでおよび、七四年二月頃まで断続的に続いた。

トイレットペーパー・パニックは、オイルショック後も時折、起きている。東日本大震災時には、首都圏を中心に買いだめを行う動きが起きた。新型コロナウイルス感染拡大初期の二〇二〇年二月には、「トイレットペーパーは中国で製造・輸入しているため、新型コロナウイルスの影響でこれから不足する」といった噂がSNSによって広がった。業界団体や経済産業省は、トイレットペーパーは、ほとんどが日本国内で製造されており、在庫も十分にある、と説明したが、全国各地のドラッグストアやスーパーなどの店頭からトイレットペーパー、ティッシュペーパーが姿を消した。

銀行取り付けも戦前・戦後を通じてたびたび日本で起きている。特に、バブル崩壊後の一九九〇年代には、多くの銀行が不良債権問題に直面し取り付けが多発した。預金の払い戻しに不安を感じた預金者が多額の不良債権を抱えていると噂されている銀行の窓口にならぶという事態になり、金融システムの破綻が現実味を帯びた。

いくつかの銀行取り付け事例のなかで、後の話と関連する特に興味深い事例として、オイルショック当時に起きた「健全な金融機関」への取り付け事件がある。一九七三年一二月一四日、愛知県の豊川信用金庫で、突然、預金者が本支店の窓口にならび、20億円を超す預金が引き出された。豊川信用金庫は、実際には健全な経営内容で経営不安は全くなかった。このため、後日、警察が威力業務妨害の疑いで噂の出所・伝播経路を精査することになった。その結果判明した取り付けの起点は、電車の中で女子高校生が同級生を(就職先として)「信用金庫なんか危ないわよ」と冗談でからかったことだった。それが、いくつかの偶然が重なるなかで、豊川信用金庫は倒産するらしい、という噂として瞬く間に広がり、殺気立った預金者が窓口に殺到する事件に発展したのである。

メインストリームの経済学とバブルは折り合いが悪い

自己実現的予言は、不安心理だけが引き起こすわけではなく、高揚感で起きることもある。バブルである。メインストリームの経済学では、資産の価値はそれが現在から将来にわたって生み出す、財、サービス、利子、配当など将来得られる果実の予想のみを反映して決まる、と考える。しかし、ある資産の価格が「値上がりする」という予想だけで自己実現的に値上がりすることがある。これがバブルである。ここで言う「資産」には、株や土地、絵画、ゴルフ会員権から球根にいたるまでさまざまなものが含まれる。

バブルはしばしば一国経済にきわめて大きなダメージを与える。近年では、一九八〇年代後半の日本における巨大なバブル、二〇〇〇年代前半の米国の住宅価格バブルが経済に大きな傷跡を残したが、ほかにも、歴史的に有名な資産価格バブルは数多く存在する。とりわけ、一七世紀オランダのチューリップ熱（一六三六年頃～一六三七年二月三日）は有名だ。チューリップは一六世紀なかばにトルコから欧州に渡来し観賞用に珍重されたが、一六三四年末頃から鑑賞より値上がり益を期待した人々が球根を買いあさり、値段は急騰した。一六三六年には、最上品種は家が一軒買える値段になった。しかし、一六三七年二月三日に市況が暴落、二月四日にはチューリップは全く販売不能になった。多くの破産者が出現、オランダ経済は大打撃を被った。

一八世紀の英国における南海泡沫事件（一七一三年頃～一七二〇年八月一八日）では、南米貿易の独占権を持つ南海会社が一七一三年に設立されたことをきっかけに株式ブームが生じた。新時代にふさわしい夢の事業を謳う多数の株式会社（無限運動装置開発、塩水の淡水化事業、鉛から銀を抽出する事業などなど）が設立され、値上がり期待でブームになった。一七二〇年六月一一日に泡沫会社禁止法が施行されたが、それでもブームを抑えられず、同年、八月一八日に個別の会社名を列記し訴訟手続きを命じた第二次泡沫会社禁止法でついにバブルが崩壊した。

この南海泡沫事件の際には、高名な物理学者であると同時に王立造幣局長官を長年つとめ、金融経済問題の有識者でもあったアイザック・ニュートン(いかにもエコンとしての合理的判断ができそうな人に思える)が、投機の誘惑に負けて大損失を被り「天体の動きは計算できるが人々の行動は計算できない」、という名言を残している。

予定調和的なメインストリームの経済学の世界観では、市場取引で唯一無二の合理的な均衡価格に到達する、と考えたい。だからバブルとメインストリームの経済学とは折り合いが悪いようにみえる。例えば、二〇一三年に金融市場の合理性を前提とする効率的市場仮説でノーベル賞を受賞したユージン・ファマ(シカゴ大)は、国際金融危機(いわゆるリーマンショック)後の二〇一〇年一月、『ニューヨーカー』誌の記者のインタビューを受けた際にバブルという概念への嫌悪感を露わにしている。

このインタビューは、インタビュアが、ファマが提唱した「金融資産の価格は経済的ファンダメンタルズに関する入手可能なすべての情報を正確に反映する」、という効率的市場仮説について、いま、彼がどのように考えているか、を訊ねるところからはじまっている。

ファマ　効率的市場仮説はこの時期のエピソードをかなりうまく説明している。株価は通常、不況前および不況下で下落する。国際金融危機後は特に深刻な不況だった。だから資産価格が下落した。これは何も珍しいことではなく、まさに、市場が効率的である場合に期待されることだ。

インタビュア　多くの人々は、国際金融危機の原因は信用バブルが膨らみ崩壊したことにあると考えているのではないでしょうか。

ファマ　信用バブルの意味、そもそもバブルという言葉は意味がわからない。これらの言葉は人気があるが、何の意味もない。

インタビュア　多くの人は資産価格が経済のファンダメンタルズからかなりの間、かなり大きく逸脱している状態をバブルとして定義しているのではないでしょうか。

ファマ　たぶんそんなところだろう。だが、それがわかっていれば、それに賭けてたくさんの金が稼げるはずだ。価格が下がった、それはバブルだった、と後で言うのは簡単だ。ほとんどのバブルは後知恵だ。事後的に価格が高すぎる、と言っていた人々を見つけることはつねにできるが、それは、人々はいつも価格が高すぎると言っているからだ。彼らが正しいことが判明したとき、人々は彼らを崇める。だが、間違っていることが判明した場合にはそれらを無視するものだ。

（……中略……）

インタビュア　私はあなたの見解を間違って伝えたくないので、はっきりさせましょう。あなたの見解では、二〇〇七年に何らかの理由で景気後退が到来することがわかり、それが資産価格の低下という形で金融システムに反映されたということですか？

ファマ　そうだ。（後略）

不況が突然に予見されたことがきっかけで、それを正確に反映して金融資産の価格が暴落し金融危機が起きた。ファマの金融市場の合理性に対する信頼は揺るぎがないようにみえる。

銀行取り付け等はなぜ起きるのか：メインストリームの経済学の複数均衡による説明

しかし、メインストリームの経済学でも、自己実現的な均衡が複数あり、どこにたどり着くかわからない場合がある。

以下では、銀行取り付けの例を取り上げてみる。銀行には企業や個人等の間の資金決済をはじめ大事な役割がいろいろある。そのなかで、ここでは「家計から預金を集めて企業等に貸し出す」という役割に絞って考える。銀行が預金者から集めたお金を企業に融資する、という場合、問題になるのは、通常は銀行の目利きが十分でなく、企業などに貸したお金を返済してもらえない、という事態である。だが、ここでは銀行が貸したお金を企業が確実にもうかる投資に使うと考える。ここで銀行が果たしている役割は、家計がすぐ引き出せる形で預金を受け入れ、そのお金を健全な投資をしている企業に融資する、という信用仲介である。

一九八三年にダグラス・ダイアモンド（シカゴ大）とフィリップ・ディビック（当時エール大）という二人の経済学者は、こうした状況設定に沿った理論モデルを作ってみた。すると、健全な投資先にお金を貸している銀行が問題なく営業を続けられる、という当然にみえる結末のほかに、「自己実現的予言により銀行が破綻する」という予想外の結末も第二の均衡として存在することがわかった。このことは金融論の研究者の大きな関心を呼んだ。

なぜ、安全投資と合理的な行動を想定しているモデルの世界でこんなことになるのだろうか。すでに書いたように、このモデルでは、企業は確実な事業に投資するためにお金を一定期間、借りる、と考えている。例えば、農業法人が、人気があり確実に高値で売れるブランド米や果樹を栽培するため、農耕機械、種や苗木、肥料などを買うためにお金を借りるが、最終的には農産物を売って確実に利益を得る、といった感じである。むろん、実際の農業には異常気象や台風などの天災リスクがあるし、他の一般企業の投資も通常は何らかのリスクを抱えている。しかし、ここではそうしたリスクが全くない安全なケースを仮定し、そうした可能性は排除する。

問題は、企業が実際に借りたお金に利子をつけて銀行に返済できるのは、収穫されたコメや果樹が販売された後になる、というところにある。このお金を貸し付けるのは、多数の家計である。家計は老後資金やとりあえず使途が決まっていないお金を預金している。しかし、家計は、予想外の支出のために、突然、現金が必要になることがある。このため、貸し手である家計は、必要があればすぐお金を返してもらえる形で貸しておきたい。

長期間お金を借りる必要がある企業と、すぐ返してもらえる形でお金を貸したい家計。貸し手と借り手のニーズは一致せず、このミスマッチが解消しないと家計の貯蓄が企業の投資に流れない。

そこで銀行が登場する。このモデルでの銀行の役割は、長期の借り手と短期の貸し手の仲介役である。具体的には、銀行にお金を預ける家計は、普通預金や当座預金、ないし解約できる定期預金などの形で銀行にお金を預ける。銀行は多数の家計からいつでも解約できる条件でお金を預かり、企業には一年とか五年とかの長期資金を貸し出し、両者のニーズを満たす。
このとき、銀行は預金者に預金金利を払うが、企業からはそれよりも十分高い金利を受け取り、その金利差(利鞘)から利益を得る。通常は、これで「めでたし、めでたし」になる。

なぜ通常は「めでたし、めでたし」になるのだろうか。それは、預金者である家計の預金の引き出しニーズがランダムに発生する可能性が高いことによる。各々の家では娘が地方の大学に進学して別居することになったり、子どもが結婚したり、親の介護が必要になったり、いろいろな理由で予期しないお金の必要が生じる。しかし、多数の異なる事情を抱えている家計から預金を受け入れていることから、実際に引き出される預金の金額は「大数の法則」に従っておおむね安定している。

「大数の法則」は、サンプルの数が増えれば増えるほど、ある事柄の発生する割合は、一定の値――その事柄の発生する確率――に等しくなっていく、というものだ。例えば、サイコロを6回振って1が出るのは1回とは限らない。しかし、1万回振れば1が出る回数はほぼ6分の1になっているはずだ。同様に、多数の家計の預金を受け入れている銀行は、受け入れたお金がどの程度引き出されるか高い精度で予測することができる。子どもが結婚したり、親の介護が必要になる、といった事態は、個々の家庭にとっては想定外であっても多くの家庭を集めれば、ほぼ一定の割合で生じているだろう。銀行は、引き出されるかもしれない平均的金額よりはおそらくかなり上乗せした金額を預金者への支払いのために手元に用意しておき、残りの資金を企業に長期間、貸し出す。預金者は預金の安全性に無関心でよい。それでうまくいく。

それにもかかわらず、なぜ、銀行が破綻するという予想外の結末が起こりうるのだろうか。

いま、オイルショック当時の豊川信用金庫の事例のように、預金者が突然、銀行に不安を感じて銀行の窓口にならび始めたとしよう。銀行は、窓口にならんだ最初の方の預金者には全額預金を払い戻すことができる。しかし、用意した現金準備を払い戻したあとは、列の後ろにならぶ預金者に支払うことはできない。銀行は長期で資金を企業に貸しているので、すぐに企業から融資を回収することはできないからだ。もし、強引に貸出資金を回収しようとしても、そのお金は、例えば、農業法人の果樹園で、まだ果実を生まない若木として青々と葉を茂らしている。この段階では回収しようがない。回収できるのは果実が収穫されたあとのことだ。

これは、銀行が完全に健全な貸し出しを行っている場合でさえ、「銀行取り付け」と呼ばれるパニックに対して脆弱であることを意味している。預金者が銀行の支払い能力に疑いを抱いたとたんに、銀行の貸し出しが健全なものかどうかは関係なくなる。預金者が自分の取引先銀行の窓口に長い列ができているのを見かける。理由はわからない。しかし、預金を引き出そうとしているのかもしれない。そのリスクがあるなら、ほかの人が引き出す前に自分の預金を解約する、という行動が合理的になりうる。「取り付けで銀行が破綻するのではないか」、という疑いが自己実現的に取り付けと銀行破綻を起こす。預金者は「他の預金者が自分よりさきに預金を引き出すのでは」、という疑いをもったとたん、資金を引き出すために銀行の窓口に向けて疾走し、列の最初にならぶよう合理的に動機づけられる。

トイレットペーパー・パニックについても類似の構造が指摘できる。通常どおりの在庫が確保されていても消費者がドラッグストアに殺到することでトイレットペーパーが買えなくなるかもしれない、と消費者が思い、ドラッグストアにならぶことで、店の商品棚からトイレットペーパーは消える。これらの現象は、自己実現的予言による複数均衡のストーリーで描写できる。ただ、メインストリームの経済学では、取り付けへジャンプするきっかけはわからない。

人間は、なかなかパニックを起こさない：正常性バイアス

取り付けへのジャンプや、トイレットペーパーの買い急ぎの爆発的拡大への引き金は、人々

がパニックを起こすことである。

厚生労働省に、「みんなのメンタルヘルス」というサイトがある。このサイトでは、パニック障害に苦しむ人は突然、理由もなくパニック発作に襲われるが、健康な人も危険に直面するとパニックを起こす、と説明している。もし、そうなら、火事や地震などの災害だけでなく、さまざまな経済問題についてもパニックを起こしてしまい、それが、自己実現的予言を成就させ、経済を混乱させてもおかしくない。

人間は火を近づけるとすぐ引火するガソリンのように、危険に直面するとすぐパニックを起こす存在なのだろうか。この点は、防災上きわめて重要な問題でもある。災害が起きたときに人間がパニックを起こすことで被害を拡大させるなら、それをあらかじめ防ぐ用意が必要だ。例えば、映画館などで火災が起きたときに、死者がしばしば予想外に多く出るのは、煙を見てパニックを起こした観客が出口に殺到するためなのだろうか。こうした問題意識からパニックの問題は、行動経済学の登場以前から災害心理学の分野で大きな関心を集めてきた。

しかし、災害心理学者の観察結果は、意外なことに、防災上の教訓がむしろ正反対であることを示している。

災害が起きても、パニックはごくまれにしか起きない。

人間はむしろめったにパニックを起こさず、それゆえかえって逃げ遅れてしまう。その結果、大きな厄災に巻き込まれる。火災でも鉄道や船舶の事故でも自然災害でも、多数の死者は、むしろ逃げ遅れで生じる。

二〇〇一年、アメリカの同時多発テロ事件では、ハイジャックされた航空機に直撃されたビルから多くの人がなかなか逃げようとせず、ビル内にとどまって犠牲になった。

二〇一一年の東日本大震災では、2万人近くの命が失われるという悲劇が起きたが、そのほとんどが逃げ遅れて津波に巻き込まれた人たちだった。

二〇一四年の御嶽山噴火では、多数の死者・行方不明者が出た。犠牲者の遺品のカメラには噴火の様子が撮影されており、逃げずに写真を撮っていた犠牲者は、噴火が自分の生命を危うくする事態だと受け止めることができないまま命を落としたと推測できる。

災害心理学者は、ヒトがパニックを起こしにくい心理的な理由として正常性バイアスを挙げている。ヒトの心は、予期せぬ異常や危険に対して、ある程度鈍感にできている。これは、日常生活で外界の些細な変動に過剰反応しないよう、ある程度の異常はあえて無視しようとするためである、という。これが正常性バイアスである。

パニックを起こす四つの条件

しかし、ヒトがときおりパニックを起こすこともむろん事実だ。何らかの異常に対し、ヒトが異常を無視し続ける場合とパニックを起こす場合の分水嶺はどこにあるのだろうか。

災害心理学者である広瀬弘忠氏は、パニック発生の四つの条件を挙げている。

① 緊迫した状況に置かれているという意識が人々の間に共有されていること
② 危険を逃れる方法がある、と信じられること
③ 脱出は可能だが安全は保証されていない、という強い不安感があること
④ 人々の間のコミュニケーションが正常には成り立たなくなっていること

パニックを引き起こすこれらの心理的な条件は、経済問題にもあてはまる。この章で取り上げたトイレットペーパー・パニックや健全な金融機関の取り付け騒動が起きた一九七三年当時を振り返ると、

① 石油危機以前からインフレ率は二桁に到達、急上昇が続き、緊迫した状況に置かれているという意識が日本国民の間に共有されていた
② トイレットペーパーの買いだめ・買い急ぎ行動や、金融機関の預金窓口にならぶ取り付

けなどの場合、早い者勝ちで危険をのがれうると信じることは自然だった

③しかし、遅れるとトイレットペーパーが手に入らなくなったり、預金を下ろせなくなる、これは早く何とかしないと、という強い不安につながっていた

④人々の間のコミュニケーションが正常には成り立たなくなっていた可能性を間接的に示唆する出来事として、一九七三年三月の上尾駅の騒乱がある。この騒乱は、当時の国鉄（現在のＪＲ）の激しい労使対立のなかで、スト権のない労働組合が意図的に列車を遅延させる「順法闘争」を行い、これにより上尾駅で列車に乗れない乗客が不満を爆発させて暴動が発生したもので、駅員との押問答にとどまらず、暴徒化した乗客が、駅舎に乱入し大々的に破壊行為を行った。暴徒は停車中の列車を破壊し、上尾駅では駅員、乗務員に対して暴行をはたらいたほか、桶川、北本、宮原、鴻巣、籠原などの各駅にも乗客が乱入し、暴行、投石、占拠を行った

このように、自己実現的予言は、心理的な現象であると同時に、銀行取り付けなどメインストリームの経済学の複数均衡の問題とも深く関連する。メインストリームの経済学には、均衡間のジャンプが起きるメカニズムについての内在的説明はないから、正常性バイアスが崩れる

メカニズムの補完的な説明が必要になる。その意味で汽水的領域であることがわかりやすい経済現象と言える。

なお、ヒトの正常性バイアスを打ち破るには、「これはただ事でない」と感じさせ、正常性バイアスの世界から覚醒させることが必要になる。災害心理学的な例を挙げれば、東日本大震災の際の茨城県大洗町の防災行政無線放送がある。この放送では町長の判断で「緊急避難命令、緊急避難命令」「大至急、高台に避難せよ」と町民へ「命令」し、「〜せよ」という呼びかけをあえて用いた。その放送の異常な雰囲気により大洗町の住民は「ただ事ではない」と感じて、高台に避難した、とされる。

金融市場にも正常性バイアスが働く：ドーンブッシュの法則

経済事象に目を移そう。銀行取り付けやトイレットペーパー・パニックの主役は、一般市民である。これに対し、より合理的判断を重視しそうな金融市場の参加者には正常性バイアスは働かないのだろうか。

そうとは言えない。特に巨大な損失につながりかねないような事態はむしろ、なかなか認識しない(したくない)ようにみえる。それを示唆するのが国際金融論の泰斗、ルディガー・ドーンブッシュの語った通貨危機の法則(「ドーンブッシュの法則」)である。

ドーンブッシュが、この法則について語ったのは、一九九七年のインタビューでメキシコの通貨危機を回顧したときである。一九九四年から九五年にかけて、メキシコは通貨危機におそわれた(いわゆる「テキーラ危機」)。当時、ペソは割高で、メキシコの経常収支赤字はどんどん拡大していたが、メキシコ政府はペソを切り下げず、ドル建て短期国債(テソボノス)発行による資金調達で弥縫的に対応してきた。ところが、九四年一一月に米国の公定歩合が引き上げられたことを契機に、メキシコから米国へと資金が流出し、メキシコ政府は、一二月二〇日に一五%のペソ切下げを発表した。しかし、ペソへの切下げ圧力は止まらず、二二日には変動相場制移行に追い込まれ、メキシコの外貨準備は九三年一二月末の263億ドルから九五年一月末には35億ドルにまで減少した。

この件について、インタビュアはドーンブッシュに「あなたはメキシコの通貨危機は予測可能であったと言い、実際それは到来しました。しかし、なぜウォール街の人たちにはそれがわからなかったのですか?」と質問した。当然の疑問である。これに対し、ドーンブッシュは、通貨危機が到来するまでには想像よりもはるかに長い時間がかかる。しかし、それから思っていたよりもはるかに急速に進行する。それがまさにメキシコに起きたことだ。それは永遠に来ないようでありながら、一晩で起きてしまうのだ。

と説明した。危機に対する市場の反応プロセスについてのこの説明は、その後、「ドーンブッシュの法則」と呼ばれるようになった。通貨危機が到来するまでには想像よりもはるかに長い時間がかかるのは、市場参加者の正常性バイアスの所産であり、それから思っていたよりもはるかに急速に進行しはじめるのは、正常性バイアスがついに崩壊したあとにパニックがくるからだ、と考えれば、市場の一見不可解な反応も十分理解できる。

第2章　ヒトはどのように判断・行動しているのか

第1章では、自己実現的予言という「汽水的領域」を介してメインストリームの経済学と人間行動の心理的側面の接点を探った。この章では、それを踏まえて行動経済学的知見の一部を簡単に紹介する。

メインストリームの経済学による公共政策の基礎

まず、この章で説明する行動経済学による知見と対比するために、メインストリームの経済学からみた公共政策の基礎を簡単におさらいしておきたい。

経済学では、基本的に「価格をシグナルにして市場で取引が自由に行われることで資源が最も効率的に配分される」、という命題が出発点になる。

もし、そうならないとしたら、健全な市場取引に必要な前提のどれかが満たされていないからだ。例えば、工場排水などによる公害問題が起きるのは、環境破壊という社会的コストが生産費に反映されていないからだし(外部性)、売り手にはわかるが買い手にはわからない情報があると取引が成り立ちにくい(情報の非対称性)。また、たくさん生産すればするほど効率的な財があると、多数の企業による競争が成立せず価格が高止まりする可能性がある（規模の経済による独占）。そもそも料金を払わずに誰もが使えるもの・使うべきものがある場合には、市場取引になじまない（非排除性）、などなど。

これらの問題については、各々の欠陥に応じた何らかの是正措置が必要になる。最もオーソドックスな手段は、提供される財・サービスに対して課徴金や罰金の形でペナルティを科したり、補助金を与えることだ。これにより、価格を割高ないし割安にすることで、需要を刺激したり抑制したりすることができる。それで問題が解決しない場合には、独占の禁止や情報開示の義務化などの手段を使う。そうした市場メカニズムへの介入で解決することになじまないモノやサービスは政府が提供する。こうした重層的なアプローチが経済学からみた公共政策の基本的枠組みになる。

1　行動経済学の知見

強調しておくべきことは、行動経済学的知見は必ずしもこうした枠組みを否定し、対立するものではないことだ。メインストリームの経済学の処方箋は、人間の行動に強い影響を与える。

ただし、ヒトの行動は、いろいろな状況の下で、しばしばエコンとしての行動を前提とした予測からはかけ離れており、その場合には、それに即した対処が必要になる。

こうしたヒトの日常的行動の「効用最大化」からの乖離を統一的原理ですっきり説明することは難しい。実際、行動経済学はさまざまな状況でヒトがどのように行動するのか、という観察データを蓄積することで発展してきた。この分野の草分けのひとりであるセイラーは、自伝的な『行動経済学の逆襲』のなかで、ロチェスター大学の若手研究者であったとき、彼の研究室の黒板に友人の経済学者たち（つまり、当然にエコンとして行動するはずの人たち）の「おかしな行動リスト」を書き出していき、そこから研究がはじまったことを回想している。

その後、行動経済学の発展に伴い、正常性バイアスのように心理学で扱われてきた問題、後述のサンクコストのように経済学でも以前から認識されてきた問題も行動経済学のなかに包摂され、行動経済学の研究対象として語られる項目のリストはたいへんな長さになっている。以下では、基本的に本書の後半の内容に関連する項目に絞って簡単に解説しておく。

現在バイアスの罠

「今の満足」の価値、「明日の満足」の価値、「あさっての満足」の価値を比較した場合、「今の満足」の価値が突出して高いことを「現在バイアス」と呼ぶ。現在バイアスの強さは人によって異なる。それぞれの人の価値判断の問題なので、現在バイアスが強いことは合理的でない、とは言えない。ただ、現在バイアスが強すぎるとさまざまな奇妙な現象や問題が生じる。

どういう問題が生じるだろうか。例えば、ダイエットの失敗について考えてみる。

いま、体重計に乗って愕然としたあなたは「自分は太りすぎであり適切な体重に落とすべきだ」、と考えたとする。この判断はたぶん正しい。ダイエットで体重を落とせば、将来、より健康的になり昔の服も着られる体になるはずだ。その価値は極めて大きい。

しかし、今日からダイエットをはじめても体重が減るのは将来のことだ。

現在バイアスが強く、「今の満足」の価値が極めて高い人にとっては、今日の食事をがまんする損失は極めて大きい。ではどうするか。今日の時点では、「明日の満足」の価値と「あさって以降の満足」の価値の差は小さい。だから、今日はたっぷり食事をし、明日からがまんをはじめることで、あさって以降の体形改善という成果を目指すのが「合理的」な選択にみえる。

しかし、明日になると、「今日になった明日」の満足の価値は極めて大きい。だからあさってからダイエットするのが「合理的」になり……と、どんどんダイエットは先送りされ、結局、十分すぎる食事を続けてしまうことになる。これが現在バイアスの罠である。

表2-1　ダイエットできない人がよく使う言い訳のランキング

明日から頑張る	1,005票
ありのままの自分を受け入れてほしい	404票
その気になればいつでも痩せられる	343票
太りやすい体質	261票

調査方法：gooランキング編集部にてテーマと設問を設定し，gooランキングの投票サービスにてアンケートを行いその結果を集計したもの．投票総数3,136票．調査期間：2018年7月22日～8月5日
出典：https://ranking.goo.ne.jp/column/5364/

本当に現在バイアスの強い人は多いのだろうか。インターネットで「ダイエットできない人がよく使う言い訳のランキング」を検索してみよう。見つかるのは次の表である（表2-1）。1位は、圧倒的に「明日から頑張る」であり、アンケート回答のなかで突出している。これを見ると、現在バイアスを否定するのは難しい。実際に、現在バイアスは、長期的に弊害がありそうなものとの関係が（依存症になっていなくとも）なかなか断ち切れない理由の一つになっていると考えられる。

国民の選好に現在バイアスがある場合、経済政策などとの関連で重要なのは、政府や政党などが、国民の現在バイアスを是正して長期的視点に立つことができるか、という点である。しかし、議会制民主主義の構造はむしろ現在バイアスを増幅する可能性がある。その理由は、長期的には社会にとって好ましいが現在の有権者の多くに痛みを求める政策の推進は、支持率を下げ選挙に不利に働くから

だ。

戦後高度成長期に、衆議院議長や自民党副総裁を務めた大野伴睦《おおのばんぼく》は、「猿は木から落ちても猿だが、代議士は選挙に落ちればただの人だ」という名言を残した。「選挙で選出された代議士が議会において間接的に国民の総意を形成し国民の利害や意見を反映する」という議会制民主主義の制度には、国民の現在バイアスを敏感に反映させる政策を提案し、問題を先送りすることを選ぶ強い誘惑を政治家にもたらす構図がある。

こうした政治における現在バイアスの構図を彷彿とさせる近年の事例として、安倍晋三首相(当時)の「新しい判断」の事例が挙げられる。二〇一六年六月、参議院議員選挙を翌月に控えた安倍首相は、社会保障の財源確保の柱として二〇一七年四月に予定していた消費税率の一〇%への引き上げを二年半延期することを表明した。それまで安倍首相は、リーマンショックのような危機に直面しない限り、国民に不人気である消費税率引き上げを必ず実行する、としていた。二〇一六年六月当時の経済情勢はどうみてもそうした問題を全く抱えてはいなかった。安倍首相はその点を認めたうえで、会見では「これまでのお約束とは異なる、「新しい判断」であります。「公約違反ではないか」との御批判があることも真摯に受け止めています」とし、「目指すのは、連立与党で改選議席の過半数の獲得」との意向を表明した。この安倍首相の国民に喜ばれる「新しい判断」戦略は見事に成功し、自民党は同年七月の参議院選挙で大勝した。

次に、経済学の教科書でもしばしば取り上げられている「サンクコスト(埋没費用)の罠」を取り上げる。

サンクコストの罠

サンクコストは、すでに払ってしまい、取り戻せない費用を指す。サンクコストの罠とは、取り戻せない費用を「もったいない」と思うことで合理的な判断ができないことを指す。

典型的な例は、映画館に入ったが、映画が自分の好みには全く合わない内容だった場合の行動だ。この場合、チケット代は映画を見続けても、見るのをやめても取り戻せない。このチケット代がサンクコストである。本来は、好みに合わない映画を見続けるより、自分の好きなことに時間を使った方が楽しいはずだ。だから、入場料がタダなら、すぐ映画を見るのをやめる。しかし、高価なチケットを買って入場した場合、多くの人は「チケット代がもったいない」、と思い、つい映画を見続けてしまう。これがサンクコスト・バイアスとかサンクコストの罠と呼ばれる現象である。

この現象は、コンコルド効果と呼ばれることもある。

この呼び名は、英仏共同での「コンコルド」開発のエピソードにちなんでいる。コンコルドは、通常の旅客機の二倍の高度をマッハ2・2で飛行できる超音速旅客機である。だが、離着陸に通常よりも長い滑走距離を必要とし、雷鳴に近い騒音と衝撃波を発生させ、高コスト（ボーイング747に比べ、燃料費二倍、保守費四倍）、短い飛行距離（太平洋越えは無理）、少ない乗客定員（100人）など多くの欠陥を抱えていた。このため、採算がとれるほど売れるメドは立たず、このプロジェクトは大赤字になる可能性が高いことがどんどん明確になっていった。しかし、このプロジェクトには、英仏両国からすでに巨額の国家予算が投入されていた。それが開発中止をためらわせた。結局、生産機数は採算ラインとされた250機を大幅に下回る20機にとどまり、莫大な赤字が発生した。

コンコルドの開発を巡るエピソードはサンクコスト・バイアスのようなヒトの心理的な特性が、巨大企業や政府などの組織内で拡大再生産されることを示している。組織は、ヒトの行動をエコン的な方向に是正するとは限らない。むしろ、被害を爆発的に拡大させる可能性もある。

一九七七年、山本七平の『「空気」の研究』は、第二次大戦末期における戦艦大和の無謀な沖縄出撃など豊富な事例を引いて、日本人が「空気」に左右されてしまう理由を探った。だが、何らかの空気が組織の決定を支配するのは日本だけではなく、その一因としてのコンコルド効果の存在は否定できない。

責任者は深みにはまる：膝まで泥まみれ

しかし、問題はコンコルド効果だけではないかもしれない。『「空気」の研究』が発表される前年の一九七六年、組織行動学者であるバリー・スタウ（当時ノースウェスタン大）は、最初の投資失敗に対して個人的な責任がある人の場合、そうでない人の場合と比べて、それ以降の投資で損失を取り戻そうとして深みにはまる可能性が高いことを示した論文を書き、「膝まで泥まみれ（Knee deep in the Big Muddy）」というタイトルで発表している。

この論文は、投資の意思決定についての実験結果を報告したものだった。だが、この傾向はさまざまな意思決定にも共通しているらしい。スタウは一九八一年の論文で、いくつかの具体例を挙げている。そのなかにベトナム戦争当時、国務次官だったジョージ・ボールがリンドン・ジョンソン大統領にあてた一九六五年七月一日付のメモが紹介されている。

あなたが今直面している決定は非常に重要なものだ。もし、多数の米軍が直接の戦闘にたずさわれば、多くの犠牲者が出始めるだろう。米軍は完全に敵対的な田舎でなくても、非協力的な環境で戦う準備さえできていないからだ。ひとたび膨大な死傷者が出てしまえば、私たちにとってほぼ不可逆的なプロセスが始まる。非常に深く関与してしまった以上、完全に目的を達成しないうちに撤退すれば国家的屈辱になる。しかし、二つの可能性のうち目的の達成よりも屈辱に終わる可能性が高いと私は思う。耐え難いコストを払ったあとでも。

今振り返ってみて、ボールの警告は極めて適切だった。しかし、七月九日にジョンソン大統領は、南ベトナムへの米軍地上戦闘部隊の大量投入を決断し、「ベトナムに必要なだけ兵力を増強する」と言明した。ジョンソン大統領は引き返すことができなかったのだ。そして、米国はやはり南ベトナムを国家として存続させるという目的を達成することができずに撤退を余儀なくされた。米国軍が不慣れな異国のジャングルで多くの死傷者を出しながら屈辱にまみれて事実上敗退したことは、米国社会に深い傷跡を残した。

なお、「膝まで泥まみれ」は、ピート・シガーが一九六七年に発表した「腰まで泥まみれ」という反戦歌を想起させる。その歌詞は「晩にルイジアナで演習をした　隊長はぼくらに河を歩いて渡れと言った　ぼくらは膝まで泥まみれ（We were knee deep in the Big Muddy）　だが隊長は言った「進め！」」という一番からはじまり、だんだん部隊が深みにはまることが描かれる。

それでも、隊長は、先頭に立つ自分に続いて前進しろと命じ、最後は首まで泥に浸かる状態になり、結局、隊長は溺れ死ぬ。歌詞の最後では、「ぼくらは腰まで泥まみれ！　だがバカは叫ぶ「進め！」」で結ばれる。この歌は、ジョンソン大統領を揶揄し（歌詞の隊長のセリフにはジョンソンの口癖が使われたという）、ベトナム戦争拡大をあからさまに批判する内容とされ、ＣＢＳの放送自主規制問題を引き起こした。

責任者がしばしば、膝から腰、そして首まで泥につかり溺れかねない道を選ぶのは、単に「サンクコスト」を無駄にしたくないだけでなく、サンクコストを生み出した責任から逃れたいという心理で無意識に判断にバイアスがかかる、ということなのかもしれない。その意味で、責任者の判断にバイアスがかかる、という問題はサンクコスト効果を増幅する方向に働く。

人間のなかには二つのシステムがある

行動経済学では、ヒトのなかに二つの認知システムがある、と想定することが標準になっている。行動経済学の古典であるカーネマンの本が『ファスト＆スロー』というタイトルであるように、システム１はスピーディーかつ自動的に反応する直感的システムである。セイラーは、このシステムはトカゲの持っているのと同じ、脳の最も原始的な部分に関連している、としており、キャス・サンスティーン（ハーバード大）との共著では、このシステムによるヒトの系統的な認知バイアスの例として錯視を挙げている。

これに対し、ゆっくりと作動し、緻密な計算ができ、熟慮するのがシステム2である。むろん、システム2も、誤りを犯す可能性がある。しかし、行動経済学者はシステム1こそが、あきらかにヒトの行動の系統的なバイアスと深く関連している、と考えている。

人間の判断が本能的で軽率なシステムと熟慮システムを行き来している、という行動経済学者の説明はもっともらしい。ただし、そうであったとしても、そのことは「人間の思考に原始的なシステムの影響が残っているからエコンとは異なる奇妙な判断の偏りが生じている。だから、人間が熟慮を習慣づければエコンに近づく」、ということは意味しない。進化の結果、現在の判断スタイルを身につけた人間は本質的にエコンとは異なる存在だからだ。

自動システムは原始的か

上記のようにセイラーとサンスティーンは、ヒトの系統的な認知バイアスの例として錯視を挙げている。図2-1は錯視の例である。

一九五五年に発表されたこの図では、白い三角形が、三つの黒い円と線画の三角形の上に置

図2-1　カニッツァの三角形

出典：「錯視のカタログ」
http://www.psy.ritsumei.ac.jp/~akitaoka/catalog.html

かれているように見える。しかし、実際に描かれているのはあくまで黒いパックマン(円の一部が欠損した形)と楔形の折れ線三本だけだ。

実は、こうした錯視がおきるのは、ヒトの視覚が、一部が隠されている物体については見えない部分を補完してその全体像を精妙に再構成することによる。

京都大学の脳科学研究グループは、遮蔽されて欠損した視覚像がまるで絵を描くように補完されて、物体の全体像が再構成されていることが明らかにできた、としている。つまり、人間は映像としての外界をあるがままに見ているのではなく、推測による無意識の補正処理が施されたあとの修正画像を見ている。錯視は進化の結果として得られた人間の高度な視覚修正機能を反映している。通常はそれでうまくいく。しかし、まれに補正作用がアダになる場合がある。それが錯視という現象につながる。「自動システム」が原始的でお粗末だから錯視が生じているわけではない。

AIと人間の「ヒューリスティック」の違い

また、純粋に論理的な問題でシステム2がフル稼働している状態でも、人間はエコンのように判断するわけではない。エコンとは異なる判断につながる、という点について具体例を挙げて説明したい。

近年、囲碁や将棋の分野では、ＡＩが人間のトッププロに勝利するようになった。「解けない問題」である囲碁や将棋の最善手を棋士とＡＩは異なったアプローチで決定する。「解けない問題」と書いたのは、囲碁・将棋の局面は、指し手が進むにつれて枝分かれして膨大な数になり、最速のスーパーコンピューターでさえ限られた時間内に正解にたどり着けないことによる。二〇一七年五月、プロの頂点である名人（佐藤天彦名人、当時）に初めて勝利した将棋ソフト・ポナンザの開発者である山本一成氏によれば、将棋の場合、可能な局面の数は10の２２６乗、囲碁の場合は10の３６０乗になるという。この数は観測可能な宇宙における原子の総数（10の80乗程度）よりはるかに多い。二〇二〇年六月に八年半ぶりで世界最速の座についたとされるスーパーコンピューター富岳でも計算速度は1秒当たり41・6京（10の16乗）にとどまるから、すべての局面を悉皆的に読んで最善手を選択することは現在の計算技術では不可能、ということになりそうである。

この「解けない問題」に人間とＡＩは全く異なった方法で答えを出している。心理学者や行動経済学者の用語で言えば、「ヒューリスティック（難問に対して適切だが往々にして不完全な答えにたどり着く簡易な手続き）」が異なっている、と言い換えてもよいだろう。

人間はどのように判断するのだろうか。二〇一三年に資産市場の価格形成についての実証分析への貢献でノーベル経済学賞を受賞したロバート・シラーは、ファイナンス研究の大御所であると同時に「ナラティブ・エコノミクス」という考え方を提唱している。ナラティブは、ナレーションないしストーリーと同義である。二〇一七年一月、米国経済学会会長としての講演で、シラーは、人間の脳は、それが事実かどうかにかかわらず、つねにナラティブに高度に同調するようになっている、と主張した。私たちを動物から最も区別するのはナラティブであり、私たちの種は、ラテン語なら、ホモ・ナレーター（Homo narrator）とか、ホモ・ナラティバス（Homo narrativus）などと呼ばれるべきだ、その方がホモ・サピエンス（Homo sapiens：賢い人）より適切ではないか、と述べている。

人間の判断がナレーションないし物語に即している、というのは棋士のヒューリスティックによくあてはまる。棋士としての人間は膨大な可能性のなかから、起承転結のある物語を見出し、着手を決める。将棋の初心者は三手の読み（①自分がなにか指し、②相手がそれに対応して指す手を予想し、③それを踏まえて次に自分が指す手を選ぶ、という三手を考える）から始めるとよい、と手ほどきされ、「短い物語」を選ぶ訓練から始める。

ＡＩの方はどうなのか。山本氏によれば、ポナンザは局面における「玉」を含む三コマの関係（１６００ほどあるという）を総合し、その評価値から最善手を模索する、という。その局面にいたるまでのプロセスは意味を持たない。実際、山本氏は、ＡＩは意味や物語から自由であるために、人間を超えることができる、という。一時点におけるコマの配置だけで評価する、という点で星の位置（コンステレーション）に吉凶の判断をゆだねる占星術を想起させる。ストーリーを持たないことは、過去を振り返らないことでもある。ＡＩは過去に囚われず、計算上、勝利への可能性が最も高いコマの配置を選んで着手を選択する。過去に囚われないという点でＡＩはエコンであり、サンクコストの罠に判断が影響されることはない。

人間とＡＩのこうしたヒューリスティックの違いは、ＡＩの指し手に対するトップ棋士の感想にも表れている。将棋の羽生善治九段（永世七冠）は、「ＡＩは先の流れを読んで指すようなことはありません。その局面での評価点によって、最高の手を指してきます。……つまり、将棋における「流れ」はＡＩには関係ないということです。一手と一手の間につながりはありません。だから棋譜を見ると一貫性がなく、美しくないと感じることもあります」とする。この感想は、「物語の美しさ」がトッププロの指し手の背後にあることも浮き彫りにしている。谷川浩司九段（十七世名人）も棋士の持つべき顔として、勝負師、研究者、とともに芸術家を挙げている。

こうした見方に立つと、棋士の対局は、盤を挟んで交互に着手することで二人が協力し、連歌を巻くように棋譜という形の物語を作り上げていくプロセスになる。対戦相手が悪手を指すと美しい流れが台無しになる。だから勝負の世界でありながら相手の悪手に不機嫌になると噂されているトッププロもいる。

ちなみに、トップ棋士の感想は、囲碁でも同様である。小林光一九段（名誉棋聖・名誉名人）は「人間だと手の流れを重視しがちだが、ＡＩは場面ごとに一番の急所を突いてくる」と述べている。棋士の判断は、過去に囚われないエコンの判断とは乖離し、過去からの流れに影響される。しかし、それは棋士が「スピーディーかつ自動的に反応する直感的システム（システム１）」に依拠しているからではなく、人間の本質的な思考形態上の特性による。

人間としての成長は人間をエコンから遠ざける

別の角度からサンクコストの罠の問題に立ち戻ってみよう。ヒトは成長し学習と経験を重ねればシステム２の働きが強まり、よりエコンに近い判断を下すことができ、サンクコストの罠を回避できるようになるのだろうか。この問いに対する心理学者の答えは否定的である。成人の人間に比べ幼児や動物はサンクコストの罠に陥りにくい、という研究結果があるからだ。なぜなのか。人間は、育っていく過程で、例えば、日本人だったら「もったいない」、英米人だったら「無駄をしなければ不自由もしない（Waste not, want not.）」ということわざに沿った教育ないし道徳観を刷り込まれる。おそらく、その効果は、ときに「エコン教育効果」を凌ぎ、大人になるほど動物や幼児のような「合理的な反応」ができなくなってくるらしい、というのである。確かにヒトは成長過程でさまざまなことを学習し、結果としてむしろエコンから遠ざかることもある。

人間にとっての社会規範の重要性

ヒトが成長していくにつれて学ぶ、合理的な損得計算以上に大切なことの一つは社会規範の尊重であり、人への思いやりや信頼関係を重視することである。人間のなかに自分の利益を最大化させる行動以上に社会規範が重要性をもつことは、ときに経済学者が予想しない結果を招く。

上記のように経済学では、政策の中心的ツールは、罰金と補助金である。抑制したい行動には罰金を科し、奨励したい行動には補助金を出す。実際、罰金を科すことで違法駐車はある程度減らすことができるし、現金の代わりにカードやスマホによる決済を奨励したければポイントなどの形でこれらに補助金を出すことが効果的だ。経済学の常套句である「他の事情にして等しければ」、という前提が満たされれば、罰金と補助金は、行動を抑制したり奨励したりするうえで強力に作用するはずだ。

しかし、お金を渡したり、もらったりすることはヒトの判断の枠組みに重要な変化をもたらす。それは、他の事情にして等しければ、という前提を破壊してしまう。そのことをわかりやすく示したのが、イスラエル・ハイファの保育園10か所で「子どもを迎えに来る保護者の遅刻」という問題に取り組んだ経済学者たちの実験である。この研究結果は、いろいろなところでひとつの解釈に沿って紹介されているが、ここでは、人間がエコンであることを前提とした原論文のもうひとつの解釈と対比させて紹介したい。

これらの保育園では、月謝１４００シェケル(シェケルはイスラエルの通貨単位)で幼児を預かっていた。だが、16時の閉園時間までに迎えに来ない保護者がいる場合、保育士が残って子どもの面倒を見ざるを得ない。どうすれば遅刻は減らせるか。

実験期間は20週。経済学者はまず4週間、何もせず慎重に遅刻状況を観察したあと、保育園

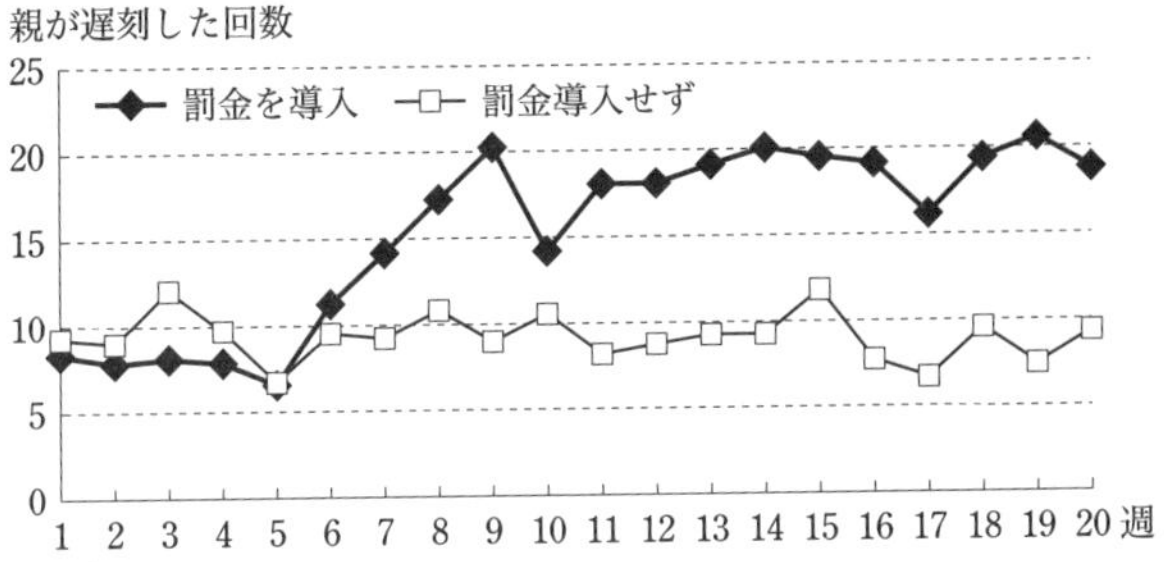

図 2-2　保育園の閉園時間に遅刻した保護者の数の推移

出典：Gneezy and Rustichini (2000)

をランダムに二つのグループに分けて対策の効果を比較した。

第一のグループには、第5週から16週まで閉園時間から10分以上遅刻した場合には、ひとり1回10シェケルの罰金を科した。ただし、第17週以降、罰金は撤廃された。

第二のグループにはこうした罰金政策はあえて導入しなかった。第二のグループの存在は、他の要因（例えば、天候や交通渋滞のせいで保護者の遅刻が増えた週があった、とか）が実験に影響を与えていないかを確かめるうえで役立つからだ。

保護者がエコンであれば、これまでタダだった遅刻に罰金が科せられることで、彼らは遅刻を減らすように努力するはずだ。

どうなっただろうか。結果（図2-2）を要約すると、以下のとおりである。

・二つのグループの最初4週の遅刻回数水準は、ほとんど

同じだった
・罰金を導入しなかったグループでは、遅刻回数には大きな変動はなく安定していた
・罰金を導入したグループの遅刻回数は、罰金導入後に大幅に増加、導入しなかったグループの倍になった
・罰金を導入したグループの遅刻回数は、17週以降、罰金を撤廃したにもかかわらず減少しなかった

罰金を科すことによる遅刻の大幅な増加！　これは経済学者の標準的予測とは正反対である。なぜ罰金制度は逆効果になったのだろうか。

この実験を行ったイスラエルの経済学者たちは、二つの解釈が成り立ちうる、としている。メインストリームの経済学である「ゲームの理論」を使った解釈では、園児の保護者はエコンであり保育園経営者を相手に自己の利益を最大化する行動（ゲーム）をしている、と考える。罰金導入前、保護者は保育園経営者がどの程度、遅刻に対し厳格に反応するかを知らないから警戒的に行動していた。しかし、罰金制度の導入により保育園の処罰行動を推測できるようになり、遅刻を増やしても退園などの厳罰を受けたりすることはない、との推測が可能になった。これにより、保護者は安心して遅刻を大幅に増やした、というのである。著者たちはこの説明

は、保護者は完全に合理的で完全に利己的というエコンの仮定を満たすもの、と説明している。

しかし、この論文の実験結果が注目されるとともに、しばしば引用され、目にすることが多いのは、論文の著者たちが、残念ながら、(ゲーム理論の説明より)インフォーマルになってしまうが、という前置きとともにおずおず持ち出した、といった感じの二番目の解釈の方だった。

それは、罰金の導入前に保護者の遅刻を抑制していたのは、「社会規範」だったのではないか、というものである。保護者たちは、罰金導入前は「保育園との契約は午後4時までの期間しかカバーしていない。その後、先生たちは寛大に対応してくれている。その忍耐力につけこむべきではない」と考えていた。だが、罰金導入後は「先生は、閉園後も子どもの世話をするが、それには対価が払われる(「罰金」と呼ばれているが)。だから、このサービスは必要なだけ使える」という市場取引としての行動に置き換わったのでは、という。

なお、罰金を撤回しても第一のグループの遅刻は減らなかった。これは、ゲーム理論的な説明では、保育園経営者の寛大さを保護者が見切った結果、という説明になる。他方、社会規範の観点では、市場原理を持ち込んで破壊してしまった社会規範は、市場原理を放棄してもなかなか復元しない、という可能性を示唆していることになる。

ただし、この実験は、経済学が重視する市場原理がヒトには働かないことを意味するものではない。実験で、使用した10シェケルという罰金は、遅刻の対価という解釈を可能にすることで社会規範を破壊した一方、実験当時、イスラエルの違法駐車の罰金が75シェケル、赤信号無視の罰金が1000シェケル(プラス処罰)であったことと対比すると、高いとは言えないものだった(10シェケルは当時の為替相場で250円程度である)。もし、罰金が、例えば50倍の500シェケルであれば、遅刻は減少し、社会規範破壊の影響が顕在化せず経済学の標準的行動予測に沿った結果となった可能性も十分あったはずだ。このように社会規範と市場原理は、ヒトの日常のさまざまな場で綱引きを展開していると考えられる。

イスラエルの保育園の事例は日常的な世界の話で、些末ではないか、と思われるかもしれない。そこで、偶発的な社会規範の変化が深刻な影響を与えた事例を一つ挙げておこう。

真珠湾攻撃直後の一九四一年一二月一〇日、マレー沖海戦で日本海軍航空隊は英国東洋艦隊の主力戦艦であるプリンス・オブ・ウェールズと巡洋艦レパルスを撃沈した。その際、東洋艦隊司令長官のトーマス・フィリップス提督は、脱出を促されたが「ノーサンキュー」と断り、艦橋で挙手の礼をしつつ、プリンス・オブ・ウェールズとともに海に沈んだ」とされた。提督のこの劇的な最期は翌年三月四日の『読売新聞』に大々的に報道され、日本国民そして何より海軍軍人に大きな感銘を与えた。

実は、これは、日本軍の捕虜になり、インタビューを受けた英国水兵による全くの創作だった。「ジョンブルは敗北に当たっても気高く振舞う」ことを吹聴したかったのだ。実際、英国側の記録では、救命胴衣を着用した提督の遺体が戦艦沈没後に目撃されており、最終段階で脱出を図ったが水死した、とみられている。このため、フィリップス提督にまつわる上記の逸話は日本では有名だが、英国では全く知られていない、という。

問題は、フィリップス提督の劇的な最期にまつわる伝説は、社会規範の変化を通じて英国水兵が意図しなかっただろう甚大な影響を日本海軍に与えたことだ。この創作された逸話により「司令長官（艦隊の指揮官）、司令官（戦隊指揮官）、司令（隊指揮官）、はいずれも艦長とともども乗艦と運命をともにするべき」という社会規範が海軍に浸透した。脱出できる状況でも艦と運命を共にした者が賞賛され、何らかの理由で生き残った者は白眼視され冷遇されるようになった。指揮官たちは乗艦と必ず運命を共にすべしという社会規範は、長い歳月をかけて養成する必要がある指揮官級の人材減少を急加速させることで日本海軍の弱体化に拍車をかけた。社会規範は大きく変化しうるが、それは日常生活へのささやかな影響のみならず、国家にも甚大な影響を与えうる。

人間は損失を嫌う：プロスペクト理論

高価なチケット代を無駄にできない、といった「サンクコストの罠」にかかわる人間の心理特性と関連するものとして、プロスペクト理論がある。この理論は、行動経済学における代表的な成果として知られている。

この理論の核心は、同額の利益と損失を比べると、ヒトにとって利益が増える価値よりも損失の痛みの方がはるかに大きい、という点にある。図2-3は、価値関数と呼ばれるもので、縦軸は価値(Value、効用に当たる)で、横軸は、原点から右が利益(gain)、左が損失(loss)を表す。原点よりも上がプラス、下がマイナスになる。ここで、原点はプラス・マイナスを測る基準で「参照点(Reference point)」と呼ばれる。

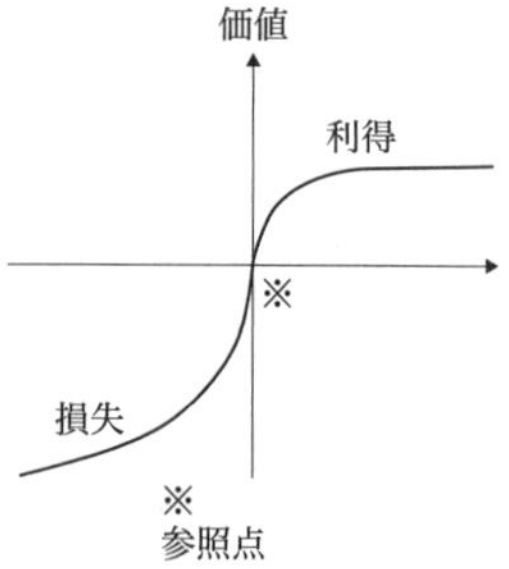

図2-3　プロスペクト理論の価値関数

価値関数の特徴は、原点を基準に左右非対称になっていることだ。つまり、同じ規模の利得と損失を比較すると、損失の方が深くえぐれている。行動経済学者による研究結果では、利得と損失の規模が同じ場合、損失の痛みは利益の喜びの約二倍とされている。つまり、ヒトにとって1万円失う痛みと2万円得る喜びがほぼ等価ということである。

このことから、ヒトの判断において参照点の設定が極めて重要であることがわかる。参照点がずれれば、損失と利得の認識が変わるからだ。例えば、もう決して読まない本をどこかで売ろうと思った場合、2万円で売れると思っていたものが1万円でしか売れないとわかった場合と、0円だと思っていたものが1万円で売れる、とわかった場合では心理的影響が全く異なる。

2　ヒトの心への働きかけ：フレーミングとナッジ

ヒトの認識における参照点の重要性は、公共政策の観点からは、政策当局の参照点の設定が重要な選択であることを意味する。つまり、選択肢を提示する場合、どこに参照点を置くかで、ヒトの反応は大きく異なりうる。実質的な選択肢は同じでも、選択肢の見せ方で参照点は変わり、ヒトが得と感じるか、損と感じるかで選択は変わる。さらにヒトは必ずしも効用を最大化するオプションではなく、理由が見つけやすい、ないし正当化しやすいオプションを選択する可能性がある。

フレーミング・選択アーキテクチャ

カーネマンは、表現の選択や選択肢の「見せ方」をフレーミングと呼んだ。そしてセイラーは、フレーミングをどのように設計するかを「選択アーキテクチャ」という言葉で表現している。

ヒトのこうした特性に関する知識は、その後、企業がマーケティングを行ううえで欠かせないものとなるとともに、公共部門にも広がっている。とりわけ医療の分野では、行動経済学の知見に極めて高い関心が寄せられている。例えば、患者に手術を勧める場合、手術の死亡率は10%とネガティブに説明するか、生存率は90%とポジティブに説明するかで患者の判断は全く異なり、ポジティブな説明をすれば患者は手術に前向きになることが知られている。

図2-4は国立がん研究センターのサイトにある「受診勧奨資材」に関する資料からの引用である。各種の受診勧奨資材には、こうした行動経済学ではよく知られている知見をもとに工夫を凝らしているものが多く、国立がん研究センターは受診勧奨資材の活用によって、多くの自治体で受診率が向上している、としている。

このようにフレーミングとは、選択肢の見せ方・表現の仕方として説明されることが多い。もう少し幅広くとらえると、多面性をもつ現実のどの部分を特に強調するか、ということも広

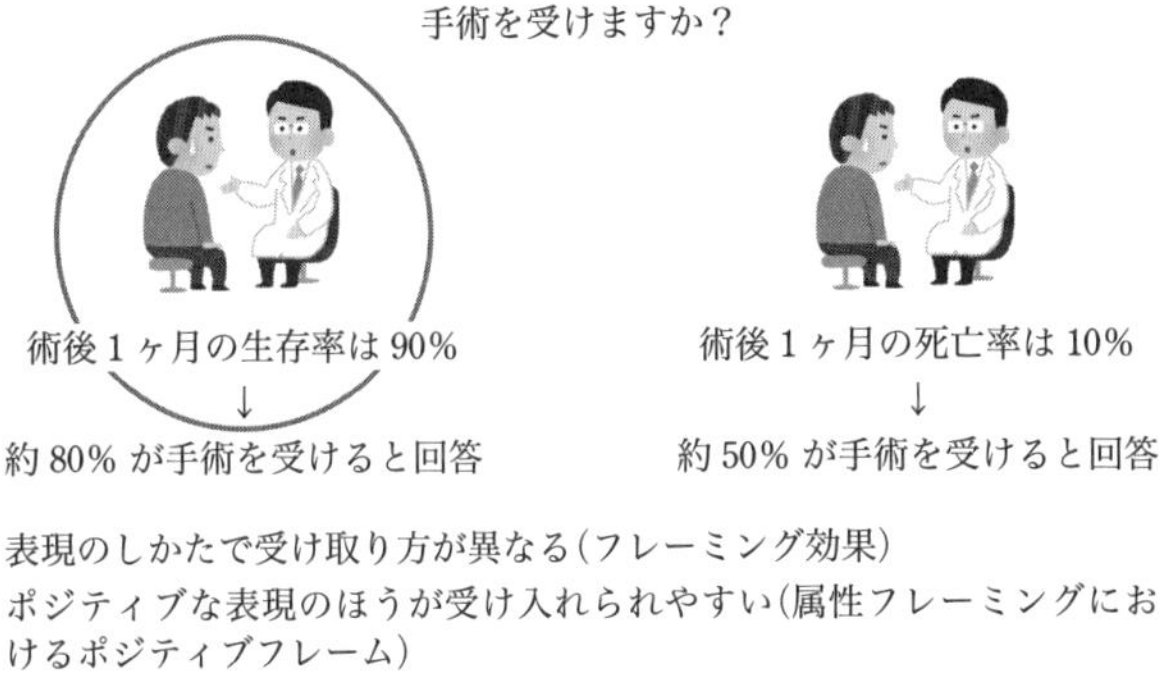

手術を受けますか？

約 80% が手術を受けると回答
約 50% が手術を受けると回答
表現のしかたで受け取り方が異なる（フレーミング効果）
ポジティブな表現のほうが受け入れられやすい（属性フレーミングにおけるポジティブフレーム）

図 2-4　医療におけるフレーミングの例

出典：溝田友里・山本精一郎（2019）

義のフレーミングと考えてよいだろう。以下、本書では、フレーミングという言葉を、絵画の印象を左右する額縁を選ぶように、特定の問題ないし状況をどのような枠組みで見せるか、というような点も含めた意味で使うことにする。

プライミング効果

「プライミング効果」は、あらかじめ受けた刺激（先行刺激、先行情報）によって、ヒトの行動が影響されることを指す。プライムというのは「前もって教え込む」という意味の英単語であり、優良な・主要なという意味でよく使われるプライム（優遇貸出金利のプライム・レートなど）との同音異義語に由来する。

　プライミングには商品を直接宣伝する直接プライミングだけでなく、あからさまな広告宣伝によらずに潜在的な顧客の商品購買意欲を高める間接プライミングという手法もあり、マーケティングでしばしば用いられている。

例えば、「商品に関連するアンケート」という手法はテレビでもネットでもよく目にする。老化防止サプリを販売している企業は、「加齢による衰えで気になっていることは何ですか?」と問いかけ、肥満防止のサプリを販売している企業なら「肥満防止のために心がけていることはありますか?」と尋ねる。

この手法の応用範囲は広く、企業の販売戦略に限らず公共政策にも応用できる。例えば、選挙の投票率を上げようとすれば、投票の意義を改めてPRするといった直接プライミングだけでなく、選挙の前日に、投票するつもりがあるかどうかのアンケートを実施する、という間接プライミングもある。セイラーとサンスティーンは、この質問を事前にすることで、投票する確率を25%高めることができる、という研究を紹介している。

ナッジ

このように、ヒトの心はさまざまな特性をもち、それを反映した決定をしている。そうであれば、経済学が使う罰金や補助金など金銭的なインセンティブ以外にも、行動経済学的知見を用いてヒトの心に働きかけることでその行動に影響を及ぼすことができるはずだ。セイラーは、そうした手法をナッジと呼んだ。

「ナッジ」という言葉を辞書で引くと、（注意を引くため、あるいは何かをさせるために）人をそっと押す、という意味、と書かれている。

ナッジによる介入は、「個人の選択の自由を侵害しないで行動に影響を与えること」を目的としている。課税、補助金などの金銭的な誘因の提供や、行動の自由の剥奪などによる行動への働きかけはナッジとはみなされない。フレーミングやプライミングの利用もナッジだが、ナッジの概念を端的に示すのは、アムステルダム・スキポール空港の男性用トイレの例である。この空港の便器の中心には小さなハエが描かれている。使用者は思わずそれを目標にしてしまう。物質的ないし金銭的な対価を与えず、また強制的手段を用いずに飛散防止を実現した素晴らしいナッジの例である。

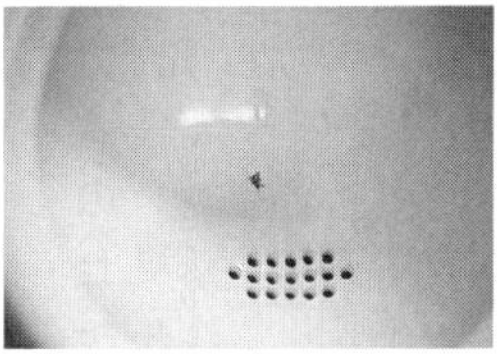

図2-5　アムステルダムの空港の便器に描かれたハエの絵

出典：http://www.urinal.net/schiphol/

この例は、セイラーとサンスティーン（2009）の冒頭で紹介されている。ただし、彼らの本には残念ながら実物の写真は掲載されていないので探してみた（図2-5）。

ナッジの公共政策への応用

先の医療の例に限らず、ナッジは企業のマーケティングを超えて公共政策にも広範な応用可能性を持つ。ナッジの政策への応用を模索する動きは、各国に広がっており、特に有名なのは英国の「行動洞察チーム(BIT: Behavioural Insights Team、ナッジ・ユニットとも呼ばれる)」である。この組織は、ナッジに関する行動経済学的な知見を活用して人々の考え方や意思決定に影響を与え、それにより、人々の生活とコミュニティをよりよいものにすることを目指している。効果的なナッジは、政策コストの削減にも寄与するはずだとも考えている。

ＢＩＴは、二〇一〇年に7人という少人数で英国内閣府内に設立された。その後、二〇一四年に有限会社になり、中央政府、地方自治体、非営利団体、民間組織と協力して、さまざまな政策課題に取り組んでいる。

現在、多くの国がＢＩＴのような組織を立ち上げている。ＯＥＣＤのホームページを見ると、本書執筆時点で、世界中で２０２の機関がナッジの公共政策への適用を目指し、独自の行動洞察チームを立ち上げている。日本では、二〇一五年に環境省が他府省庁に先駆けてプロジェクトチームを立ち上げた。さらに、二〇一七年に、省庁や地方公共団体、産業界や有識者等から成る産学政官民連携の日本版ナッジ・ユニット（BEST: Behavioral Sciences Team）が発足した。事務局は環境省に置かれている。ちなみに環境省は、クールビズを二〇〇五年に開始し、これは「定着した行動変容」の事例とされている。また、二〇一五年にはナッジに関する複数年の実証事業や地球温暖化対策のためのクールチョイス（賢い選択）の取り組みを開始するなど、ナッジへの取り組みに関しては政府内で先行してきた。

ナッジの倫理的課題

セイラーなど多くの行動経済学者は、当初、選択肢を適切に提示する工夫（「選択アーキテクチャ」の設計）で、選択肢を制限することなくヒトをより賢明な選択に誘導できる、と考えてきた。実際にナッジがこの点で大きな効果を発揮した、とみられる事例も数多い。それゆえに企業や政府がナッジへの関心を高め、それを販売戦略や公共政策に活用しようという動きを強めたのは当然の成り行きだっただろう。

しかし、ヒトの心に働きかけるナッジの手法は、目的の善悪を問わず用いることができる。結果として、個人あるいは社会にとって好ましくない行動に誘導するナッジも存在する。

例えば、ダークパターンは、ウェブサイトなどで、ユーザーが本来は採用しなかっただろう選択に誘導するユーザー・インターフェイスである。ダークパターンは、すべてがナッジを利用したものではないがナッジが重要な影響を与えていることは間違いない。『日本経済新聞』は二〇二一年三月二七日の記事で日本の状況をレポートしている。同社は二〇年一二月、国内の消費者向け主要100サイトを調査し、ネット通販など62サイトでダークパターンを確認したという。この指摘について、多くの企業は「改善余地はあるが違法ではない」(通販大手)と見直しに消極的としている。

行動経済学者も最近のこうした進展には、心を痛めているようである。例えば、サンスティーンには二〇一四年に倫理の問題を正面から取り上げ、特定のナッジ、および特定の種類の選択アーキテクチャが深刻な倫理的問題を提起する可能性があることは疑う余地がない、としている。人種、性別、または宗教に基づく差別を促進するためにナッジを使用する政府がありうるし、真実の情報(例えば、犯罪率について)でさえ、暴力や偏見を煽る可能性がある、と指摘している。これらの指摘は残念ながら、その後、どんどん裏書されているようにみえる。セイラーも、悪いナッジをスラッジ(ヘドロ)と命名し、良いナッジとの差別化を図る短い論考を二〇一八年に出し、スラッジという用語も徐々に広がりつつある。

このように、ナッジは、潜在的にさまざまな問題をはらむ。ただ、企業の行動も政府の行動も完全に中立的であることは難しく、意図的かどうかは別として、何らかのナッジにならざるを得ない。例えば、米国の研究では選挙の投票用紙の一番上に名前が印刷されている候補者は得票率が約３・５％上がる、という。しかし、全員の名前を一番上に印刷することはできない。サンスティーンは、ナッジへの批判ないし反対は特定の具体的なナッジに向けられるべきものであって、ナッジ一般に反対することには意味がない、と指摘している。

行動経済学的な人間像

以上、行動経済学的な視点から、本書の関心に関連する範囲でヒトの判断と行動の特性を探った。典型的なヒトは利益の喜びより損失の痛みをはるかに強く感じ（プロスペクト理論）、取り戻せない過去の出費が無駄になることをもったいないと感じて判断を誤ることが多く（サンクコストの罠）、責任者は自分の失敗を正当化するために戦線を拡大して傷口を広げてしまい、部下も国家もどんどん「泥まみれ」に引きずり込む。現在の快適さを無意識に優先してしまい問題解決は先送りしがちで（現在バイアス）、ちょっとした異常は無視し（正常性バイアス）、行動の選択にあたっては、そのときどきの社会規範（あるいは他人の目）を強く意識する。選択肢がどう示されるか（フレーミング、選択アーキテクチャ）に判断が大きく左右されるため、企業や政府の意図的な（あるいは意図せざる）ナッジに大きな影響を受ける。その姿は、将来の経済経路を確率的に予測し将来の予想所得をすべて織り込んだ全生涯にわたる予算制約のもとでの効用最大化を目指し、AI棋士同様に過去の選択には全く判断が影響されず現時点で最善の選択をする、という標準的なエコン像よりも、人間の実像にはるかに近い。

しかし、エコンのように行動しないヒトによって形成される社会は住み心地が悪いだろうか。必ずしもそうとは言えないはずだ。イスラエルの保育園の実験結果のゲーム理論的解釈は、AI棋士型のプレイヤーのように行動するエコンによって構成される社会の殺伐とした姿を示唆している。むろん、人間がヒトであることでエコンならしない判断ミスを犯してしまうことも多いだろう。ただ、AI棋士がヒトのトッププロに勝つ碁・将棋の世界はルールが厳格に定まっているが、人間がさまざまな判断を下す現実の世界は環境もルール（社会規範を含む）も揺れ動いており、それに即応することが要求されている。そうしたなかで現在の思考形態をもつ人間が生き残ってきたことにはそれなりに意味があるはずだ。以上のことは、人間がエコンであることを前提とした分析と、行動経済学的な視点による分析を併用して社会や経済をみていくことが必要であることを強く示唆しているはずである。

第3章　マクロ的な社会現象へのフレーミングやナッジ

前章で行動経済学の政策的応用について紹介した事例は、ミクロ的であり、一国全体へのマクロ的な政策とはやや距離があるようにみえるかもしれない。しかし、マクロ的な社会経済現象の多くでこの視点は欠かせない。近年の事例をいくつかみておきたい。

1 米中貿易摩擦と日米貿易摩擦：ポジティブなフレーミングの陥穽

二〇一五年五月、中国政府は製造業発展計画「中国製造二〇二五」を策定した。この計画では、中国は、まず二〇二五年までに、世界の製造強国として国際競争力のある多国籍企業と産業のクラスターを形成する。そして、中華人民共和国設立百周年になる二〇四九年までに世界をリードする技術体系と産業体系を構築する、と謳われている。そのために重点的に推進する分野として、次世代情報技術やロボット等の一〇の産業を挙げ、それらの支援策を明示した。「中国製造二〇二五」は、中国が米国にとってかわる経済覇権国になる野心をあからさまにしたもの、と受け止められ、米国は警戒心を高めた。二〇一七年のトランプ大統領誕生後、米中

表 3-1　米中経済摩擦関連年表(2015〜19 年)

2015 年

中国政府「中国製造 2025」を策定

2017 年

トランプ大統領，通商法 301 条に基づく調査を通商代表部(USTR)に指示

2018 年

USTR 調査結果を公表，中国政府が米企業に対して不合理な政策を行っているとの結論

USTR は，中国の政策によって米経済が被る負の影響が 1 年間で少なくとも 500 億ドルになると試算

米政府は中国に対し制裁措置を発表

米政府と中国政府の間で 3 回の通商協議開催(物別れ)

米政府は 7 月以降，段階的に中国からの輸入品に対し追加関税措置を開始，中国政府も対抗措置

米国で「国防権限法」が成立(米政府機関が中国の大手通信機器会社から通信機器を購入することを禁止する規定の追加など)

中国通信大手ファーウェイ(華為技術)の副会長兼 CFO が，米国の要請によりカナダで逮捕される

12 月，米中が首脳会議，貿易戦争の「一時休戦」で合意

2019 年

米司法省がファーウェイを企業秘密の窃取等の疑いで告訴

米国，制裁第 3 弾の追加関税率を引き上げ

中国，報復第 3 弾の追加関税率を引き上げ

米中が首脳会議，貿易戦争の「一時休戦」で再合意

9 月 1 日，米中，制裁・報復第 4 弾の一部をそれぞれ発動

米中,「第 1 段階」の合意を発表．米中が予定していた制裁・報復第 4 弾の残りの発動を見送り

出典：筆者作成

貿易摩擦は、急速に高まっていった（表3-1）。

中国から見た日米貿易摩擦

米国の戦闘的な姿勢と貿易摩擦の展開は、一九八〇年代の日米摩擦と重なる。むろん日本は、米国の同盟国であり、日米関係と米中関係は大きく異なる。けれども、「異質な国」が、アンフェアに米国を追い越そうとしている、と米国が受け止め、いら立ちと不信を募らせる構図は既視感を感じさせるものがある。それでは、中国はかつての日米貿易摩擦の展開（表3-2）をどう見ているのだろうか。

米中経済摩擦が激しさを増していった二〇一八年八月五日、中国系カナダ人エコノミストのヘドリック・ワンは、彼の眼から――そして北京の眼から――一九八〇年代の日米摩擦の経緯がどう見えるかを書いている。その一部をかいつまんで紹介しよう。

まず、ワンは、一九八〇年代に米国が日本に対して行った貿易戦争は、今日では多くの人にほとんど忘れられているが、明らかに北京は忘れてはいない、として日本の教訓を回顧している。

日本は、一九六五年に戦後初めて対米貿易黒字を記録し、米国は一九七〇年代初頭から、日

表3-2　日米経済摩擦関連年表(1985～89年)

1985年

米国が対外純債務国に転落，新通商政策を発表，米国政府が貿易に積極関与へ

プラザ合意(円高・ドル安誘導が目的)

MOSS協議(market-oriented sector-selective talk：日米通商協議において，国際競争力がありながら日本市場へ参入できない米国製品について，個別分野ごとに市場開放策や参入阻害要因を協議)をエレクトロニクス，電気通信，医薬品など各分野別で開始

米半導体業界による，通商法301条提訴(日本市場の閉鎖性が理由)

1986年

日本で，国際協調のための経済構造調整研究会報告書(前川レポート)の対外公表

日米半導体協定(1992年末までに外国系半導体のシェアを20%以上に)

米国，関西国際空港建設プロジェクトで「国際入札」を要求

1987年

ルーブル合意(為替相場の安定が目的)

東芝機械によるココム規制違反事件発覚(米国が，東芝機械だけでなく東芝グループ全社の製品を輸入禁止とする事態に発展．連邦議会議員がホワイトハウス前庭で，東芝製のラジカセやテレビをハンマーで壊すパフォーマンスを行うなど対日感情が悪化)

1988年

日米建設合意(大型プロジェクトに限って，日本の建設市場に外資の参入を容認)

1989年

日米構造協議により，日本は10年間総額430兆円という「公共投資基本計画」の策定で合意

米国，人工衛星，スーパーコンピューター，木材・建材にスーパー301条を発動

出典：筆者作成

本の貿易黒字の拡大について文句を言い始めた。だが、対日貿易戦争を引き起こしたのは、一九七〇年代の石油ショックの余波による石油価格の劇的な上昇だった。燃費が良い日本車は米国で急速に市場シェアを拡大した。クライスラーの破産を回避するため、米政府は15億ドルの救済融資発動に追い込まれてしまう。日本の不公正な貿易慣行が米国の国家安全保障を危うくし、米国人労働者を失業させる、という不満が急速に高まっていく。おなじみの光景だろう、とワンは言う。

一九七六年から八九年の間に、米国は一九七四年通商法第三〇一条(トランプ政権が中国に発動したのと同じ条文)に基づいて、自動車だけでなく鉄鋼、半導体その他を含め対米輸出に対して20件の調査を開始した。日本政府は譲歩し、論争のあるすべての品目の輸出に対する一連の「自主規制」に同意した。それにもかかわらず米国の対日貿易赤字は減少せず、米国政府は日本に米国からの輸入を増やすよう圧力をかけた。再び日本政府は譲歩し、内需拡大のため金融を緩和させた。しかし、日本の国内支出は、不動産市場では増加したものの、対米輸入を増やす効果はあまりなかった。

これが貿易戦争の第三幕につながる。米国政府は、日本が為替相場を操作し、円をドルに対して低く抑え日本の輸出業者に不当な優位性を与えていると非難した。日本は一九八五年九月のプラザ合意で円高を強要された。そして一九八五年から八八年の間に、円は米ドルに対して88％上昇した。

その後も米国の対日要求はエスカレートしたが、対日貿易赤字は解消されなかった。しかし、実はそれはどうでもよくなった。何年にもわたる金融の超緩和は、株式市場と不動産市場で大規模な資産価格バブルを生み出し、それは一九八九年に崩壊した。その後に続いたのは、二〇年間の日本経済の停滞である。それでも米国の対日貿易赤字は続いた。

こうした日米貿易摩擦の経緯の解釈を踏まえ、ワンは、米国との貿易戦争で中国は第二の日本になることはないだろう、と言う。北京は、日本政府が米国からのすべての要求に屈したにもかかわらず、米国の対日貿易赤字が解消されなかったことに注意を払うに違いない。北京の観点から、日米貿易戦争から学んだ教訓は明らかだ。日本のように米国の圧力に譲歩してはいけない。

米国と異なる体制の下、米国との対決姿勢がエスカレートしている二〇一八年の中国から見ると、大国間の経済摩擦は覇権争いのフレーミングのなかで位置づけられる。そうしたフレーミングで見ると、米国に対して譲歩に譲歩を重ね、バブルの崩壊と長期停滞にまでたどり着いた当時の日本の対応はどうしようもなく愚かに見えるに違いない。

「国際協調」というポジティブなフレーミング

しかし、当時の日本を支配していたフレーミングは、これとは大きく異なる。むろん、当時の日本にも米国のあまりの強硬姿勢に対する戸惑いや反発があったのは確かだ。それでも、日本の政策当局者の米国への譲歩の背後には、国際協調への貢献というフレーミングがあった。

そのことは、バブル末期の一九八九年一二月一日に行われた、澄田智《すみたさとし》日銀総裁の日本記者クラブでの講演からうかがうことができる。退任を目前にしていた澄田総裁は、当面の金融政策運営について語った後、来し方を回顧するように、次に当面の金融政策運営ということを離れて、わが国の金融政策運営の変化といったことについてお話申し上げたい、として経済政策思想の変化について語り始める。そして、いわゆる政策協調の進展にふれる。「国際協調という考え方やそれに基づく政策協調という考え方は、かなり前から存在していたが、振り返ってみると、やはり一九八五年九月のプラザ合意、さらに一九八七年二月のルーブル合意を経て、そうした考え方は一段と定着するようになってきた」、と評価する。プラザおよびルーブル合意において、主要先進国は、①黒字国、赤字国双方が対称的にマクロ経済政策の調整を行い、これにより各国がファンダメンタルズの是正、とりわけ対外不均衡の是正を図ること、②ドル高是正ないし為替相場安定のため各国当局は、相場運営に当たり協調的行動をとること、を公に宣言した。こうした政策協調の枠組みがこれまで全体として有効に機能してきたことは、この間の世界経済のパフォーマンスの改善にも示されている、と前向きに評価している。

澄田総裁は例外ではない。現時点からみると意外なほど当時の日本では、政府、日銀の対応を国際協調として肯定的に評価する声が強かった。日銀は、その年の五月に約九年ぶりに公定歩合の引き上げに踏み切ったが、これに対し、「日本の利上げは主要国の利上げ競争をもたらし、政策協調体制の崩壊につながる」といった意見も少なからず聞かれた、と澄田総裁はこの講演で述べている。ちなみに、その三年前の一九八六年の経済白書の結語部分は「国際協調と実りある未来の実現を目指して」という標題で締めくくられていた。

手元の国語辞典で「協調」を引くと、

【協調】 相違点・利害などを譲り合い、共通の目標に向かって歩み寄ること。

とされている。言うまでもなく、高い理念を内包する極めてポジティブな言葉であることがわかる。政策協調というポジティブなフレーミングにより、当時の経済政策は日本の世論にかなり大きな支持基盤を持っていたことがわかる。

非対称的な国際協調の陥穽

しかし、当時の政策協調の実態は、必ずしも「相違点・利害などを譲り合い、共通の目標に向かって歩み寄」ったり「黒字国、赤字国双方が対称的にマクロ経済政策の調整を行い、これにより各国がファンダメンタルズの是正」を図ったりするものではなかった。米国サイドからそのことを指摘していたのは、一九八二年から八四年までレーガン政権における大統領経済諮問委員会(CEA)の委員長を務め、米国政府の内情に通じていたマーティン・フェルドスタインである。

フェルドスタインは、一九八七年末の講演で、私たち経済学者は、国際貿易に関する軋轢と保護主義的な政策の進展が世界的な生活水準低下を招くことを認識している、と述べて政策協調という「コンセプト」へのいちおうの敬意を示している。

しかし彼は、そのあとで、現実のマクロ経済政策協調に対する極めて否定的な見解を展開している。まず、米国の統治形態はマクロ経済政策協調になじまない、と言う。米国では中央銀行の独立性が高いだけではない。議会に財政政策上の強い権限を与えているからだ。したがって、マクロ経済調整プロセスへの米国の参加は、首相が国の経済政策の変更にコミットできる議会制度を持つ国の参加とは根本的に異なる。大統領は、議会に制定してほしい立法パッケージを提示したり、特定の問題について大統領がどの程度妥協する意思があるかを開示することはできないのだ、と言う。つまり、米国は他国に要求はできるが、他国の要求に応えるコミットメントはできない。「政策協調」は非対称で一方通行なのだ。

また、フェルドスタインは、政策協調という枠組みが各国の経済政策の適切な変更を阻害する深刻なリスクもあることを指摘する。各国政府は、外国の行動によってそのような政策変更が不要になると考えたり、外国政府の政策を誘導するための交渉戦略の一環として、政策変更を棚上げすることを利用したいと考えるため、適切だが政治的に苦痛を伴う措置を講じない可能性があるからだ。

フェルドスタインは結論のなかで、米国は今こそ、明示的かつ平和的に、マクロ経済政策の国際協調政策を放棄すべきである、とする。われわれ(米国)は、現在および将来の政策決定について情報交換することにより、他の国々と引き続き協力しなければならない。だが、日本とドイツは、自国の最善の利益になると信じる金融・財政政策を追求する権利があることを明確に認識しなければならない。マクロ経済政策決定の国際協調は、国際関係全般を改善する方法のように聞こえるが、逆の効果をもたらす深刻なリスクがある。健全な国内政策の代わりに国際的な相互依存を強調することで、外国政府はあらゆる経済不振のスケープゴートとなってしまう。外国政府に国内経済政策の変更を迫ること自体が摩擦の原因であり、守れない約束をさせることは憤りにつながるだけだ。主要先進国が健全な国内経済政策の追求に集中し、国際貿易や国家安全保障など、協力が真に不可欠な主題のために国際協力の追求を留保した方がはるかに望ましいはずだ。これがフェルドスタインの主張である。

協調というポジティブなフレーミングに惑わされてはいけない。それは、決して良い結果をもたらさない。しかし、フェルドスタインの声は、米国政府はもとより、日本には十分に届かなかった。

2　日本の移民政策：フレーミングが強める現在バイアス

「中国製造二〇二五」が打ち出された二〇一五年九月、自民党総裁に再選された安倍首相が打ち出したのは「新三本の矢」(アベノミクスのセカンド・ステージ)だった。

「新三本の矢」

そこでは、一億総活躍社会が掲げられ、希望を生み出す強い経済(GDP600兆円)、安心につながる社会保障(介護離職ゼロ・待機児童ゼロ)とならんで、夢を紡ぐ子育て支援(出生率1・8)がその柱とされた。

古い「三本の矢」(アベノミクスのファースト・ステージ)と異なり、海外投資家には受けなかったが、セカンド・ステージの方向感は誤っていないはずだ。一国の政府は自国を長期的に存続させ、発展させるよう努力すべきはずだからだ。その場合、人口問題は避けて通れない。

人口減少対策の王道は、国民が多くの子どもを欲しいと思うことができる社会環境にすること、その思いが実現できる経済環境を構築することで出生率を回復させることだ。出産はあくまでも個人の選択だから、希望出生率が上がっていくような社会的・経済的条件を整えることが必要になる。とりあえずは現実の出生率を希望出生率まで引き上げる、という環境整備が重要である。

だが、残念ながら結果は出なかった。出生率(合計特殊出生率)は四年連続して低下し、二〇一九年は1・36と、人口が減らずに済む水準(2・0強)を大幅に下回っている。出産・育児をポジティブにとらえられる社会環境や子育て世帯の経済的不安の解消は実現していない、と言わざるを得ない。さらに、コロナ禍により出生率は急速に低下している。

日本は日本人の国として高齢化し収縮していくのか

日本の人口動態の将来像としてしばしば引用されるのは、国立社会保障・人口問題研究所(社人研)の将来推計人口の標準シナリオである。本書執筆時点の直近推計(平成二九年推計)は、コロナ以前のものであり、出生率が1・4程度でほぼ横ばい、定住外国人の流入超過も毎年7万人弱でほぼ横ばいと想定しており、日本が日本人の国として高齢化し収縮していく姿が描かれている。こうした将来像のイメージは日本の企業・家計に共有され、将来への不安感の底流にある、と推測される。

しかし、社人研の標準シナリオは新型コロナウイルスの感染拡大以前にすでに大きく外れていた。

社人研の標準シナリオでは毎年7万人弱でほぼ横ばい、と仮定されていた定住外国人流入超過が毎年激増していたからだ。二〇一六年には14万人弱(標準シナリオの想定流入超過のほぼ倍)、その後も増勢が続いてきた。総務省の人口推計値(確定値)を見ると、コロナの影響が出る前の二〇二〇年二月一日現在の日本人人口の前年同月比が50万8千人の減少であるのに対し、日本の総人口前年同月比は30万5千人の減少にとどまり、その差約20万人は、定住外国人の増加による。

これに対し、新型コロナの感染拡大が進行し入出国の困難度が増していった二〇二一年二月一日現在では、日本人人口が前年同月比で53万8千人の減少になり、総人口も45万2千人減少で、おおざっぱに言えば、日本人人口、総人口どちらで見ても約50万人の減少となっている。それまで定住外国人の増加が日本の人口減少をいかに緩和してきていたかがわかる。

日本で働いている外国人労働者の大半は、国際的な定義では移民になる。移民を受け入れずに収縮していく日本、という大方のイメージとはうらはらに日本社会は定住外国人という名称で移民を旺盛に受け入れ急速に変わりつつあった。日本は、事実上、大規模な移民受け入れ国に変貌し、移民は、コンビニで、漁船で、建築現場で、その他のさまざまな職場で働いている。

図3-1は社人研(平成二九年推計)のなかにある、代替的な仮定のもとでの人口動態推計を示している。よく知られている標準シナリオよりも、ほとんど引用されない外国人移動25万人の

総人口の将来見通し

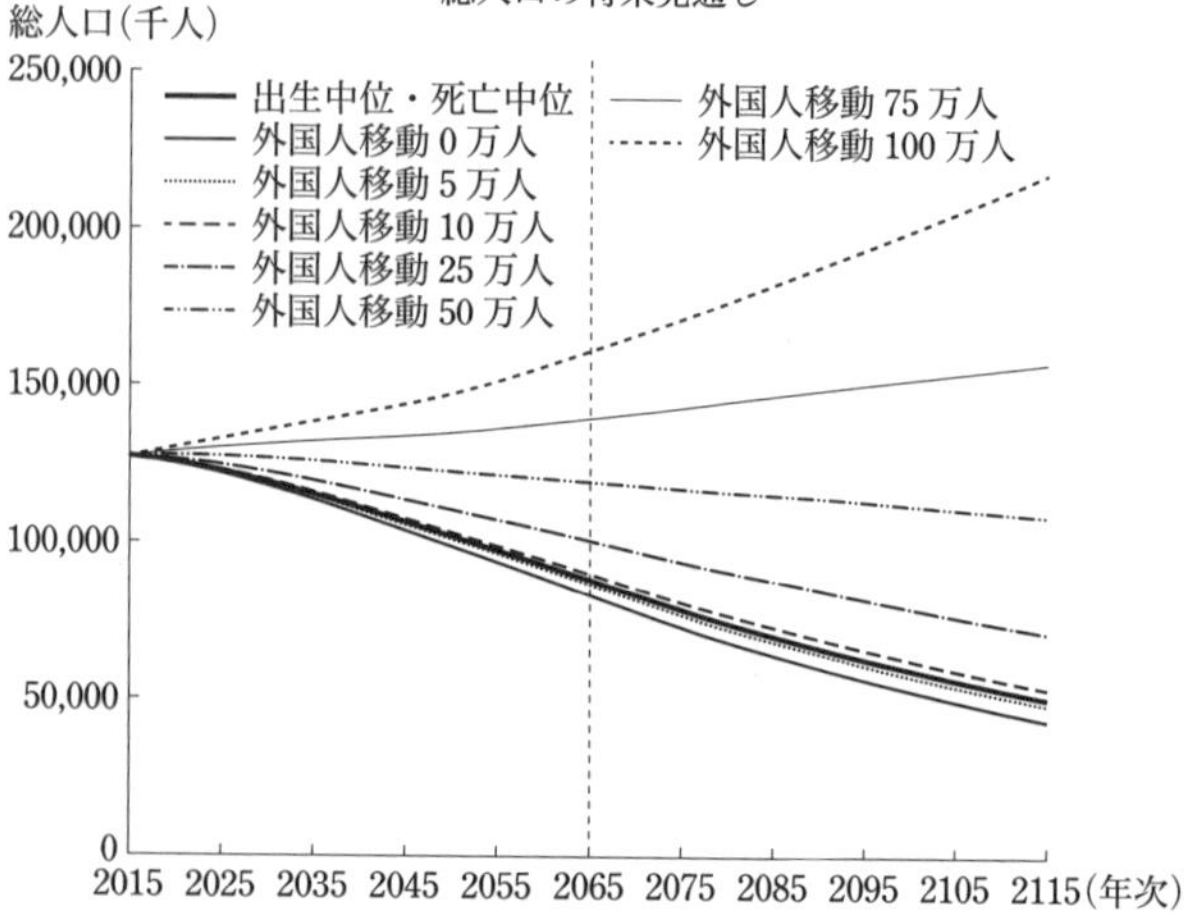

老年人口割合の将来見通し

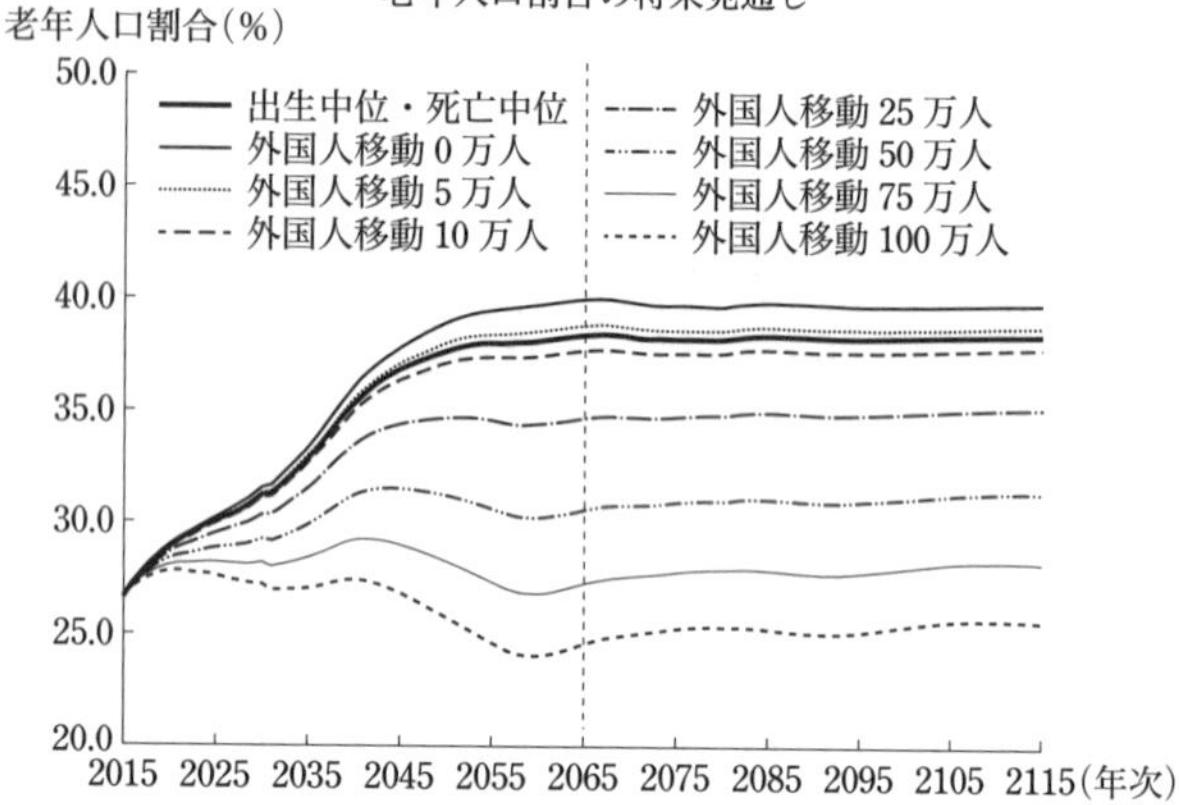

図 3-1　外国人移動水準の変化による将来人口の感応度

出典：国立社会保障・人口問題研究所「第 19 回社会保障審議会人口部会提出資料(平成 29 年 4 月 10 日)」
https://www.mhlw.go.jp/file/05-Shingikai-12601000-Seisakutoukatsukan-Sanjikanshitsu_Shakaihoshoutantou/0000161339.pdf

軌跡の方がコロナ前の趨勢に近く、その延長線上の総人口、人口構成の将来像は標準シナリオとは大きく異なる。外国人の流入超過がさらに加速し、年間50万人程度になれば、老年人口比率がほとんど上昇しない状態にすらなる。このような人口動態の変化は潜在成長率を高め、「自然利子率」を引き上げる方向に作用する。自然利子率が上昇することは金融政策の有効性を高めることに直結する(自然利子率についてはあとで説明したい)。

「定住外国人」というフレーミングのリスク

では、移民をどんどん増やすべきだろうか。

そうは言い切れない。

移民受け入れの社会的影響がフレーミングに大きく左右され、長期的な社会的デメリットが短期的な経済的メリットを上回る可能性があるからだ。

政府はさまざまな分野での人手不足に対応し、二〇一八年に出入国管理及び難民認定法を改正し、それまで高度人材に限定していた移民政策を事実上転換した。

しかし、安倍首相は二〇一八年一〇月二九日の衆議院本会議で、この改正案について「政府としては、いわゆる移民政策をとることは考えておりません」と述べ、受け入れ拡大は「深刻な人手不足に対応するため、……即戦力となる外国人材を期限を付して我が国に受け入れようとするもの」と説明して、移民政策との違いを強調した。

この説明は、「移民は引き続き封印するが労働力不足は定住外国人で埋める」というフレーミングにより外国人労働者の受け入れ拡大を求める人手不足企業の希望をかなえる一方、日本への移民が増えることに対する保守層の強い拒絶反応を緩和しようとした、と考えられる。事実上の移民をあくまで(一時的に日本に暮らす)定住外国人と呼ぶ。このフレーミングは、入管法改正への反対論の盛り上がりを抑えるうえで一定の効果を上げたはずだ。

しかし、長期的には社会に大きな悪影響をもたらす可能性が高い。ドイツの経験を振り返ってみよう。ドイツは、日本よりも半世紀以上前に、ローテーション方式と呼ばれる帰国を前提とした外国人労働者受け入れ方式を採用した。しかし、二〇一〇年一〇月、アンゲラ・メルケル首相は「私たちは、彼らはとどまることはない、いつか去る、と自分たちに言い聞かせ、自分たちを欺いていました。しかし、現実はそうではありませんでした。……もちろん、多文化社会を構築し、隣り合って生活し、お互いの存在を楽しむことを企図した多文化アプローチは完全に失敗しました」と総括した。帰るはずだった出稼ぎ外国人に対するドイツ政府のサポートは当初、冷淡で不十分だった。だが、この人たちのかなりの部分は必然性を持って定住することになる。せっかく熟練労働者になった外国人を帰国させるのは企業にとって間尺に合わない。在住が長期化すれば家族を呼びよせることを認めるのは人道上、当然だ。しかし、その人たちには、ドイツ語やドイツ社会についての教育機会が十分与えられず、このため、コミュニティを作って助け合うようになる。これも当然だ。ドイツ社会から疎外されていると感じ、ドイツ語も十分話せず、溶け込むことはないまま定着した人々の犯罪率は高く、ドイツ国民の外国人への反感を強めた。

本格的な移民の実質的な受け入れ開始から日の浅い日本では、移民との軋轢――犯罪、文化的・宗教的・政治的軋轢など――は欧米に比べ、格段に小さい。単純労働者の海外からの受け入れによって生じうる悪影響のなかで、世論調査で日本国民が最も強い懸念を示してきたのは外国人犯罪だが、外国人刑法犯の検挙件数は、二〇〇五年の4万4千件をピークに減少を続け、二〇一七年に一時的に増加したものの二〇一八年には再び減少し1万6千件にとどまり、外国人はこれまでのところ決して治安悪化をもたらしてはいない。こうしたなかで、日本人の多くは、外国人労働者は自然に日本社会に溶け込んでくれる、と思い込んでいるようである。二〇一八年のピュー・リサーチ・センターの各国でのアンケートでは、「外国人は同化を望んでいない」、と考えている人たちの割合は日本ではわずか18％にすぎない。これほどの楽観は、他国には見られず突出している。ちなみに、同じ質問への答えの比率が日本に次いで低いメキシコでも37％、アンケート対象18か国の中央値は49％、ドイツは58％である。

将来の日本社会を混迷させる現在バイアス

この楽観は長続きするだろうか。将来に目を向けると大きな懸念が存在する。移民受け入れが急拡大してきた一方、あくまで出稼ぎ労働者であり、他国民というフレーミングがその人たちを労働力でなく人間として受け入れる体制を大きく立ち遅れさせているからだ。

ドイツで外国人犯罪比率が高いのは、多くの外国人をドイツ社会から疎外し孤立させた結果だった。日本でも法務省・法務総合研究所の報告書は、二〇一一年の外国人窃盗・強盗犯罪者を精査し、その四分の三は日本語の読み書き能力が不十分であったことを指摘している。こうした分析に照らすと、事実上の移民やその子どもたちには日本国民であろうとなかろうと、日本人と同等に日本語や日本社会についての基礎知識を確実に習得してもらうことが必要だ。しかし、「彼らはとどまることはない、いつか去る、移民とは異なる出稼ぎ労働者なのだ」と位置づけられてしまった人たちやその子どもへの支援体制は十分でない。

日本の移民受け入れ体制は、国際的にみてどの程度の位置にあるのだろうか。国際比較の材料として移民統合政策指数（MIPEX: Migrant Integration Policy Index）がある。

二〇二〇年一二月の第五回調査では、52か国の移民統合政策を8つの政策分野（労働市場、家族呼び寄せ、教育、政治参加、永住、国籍取得、反差別、保健）について、167の政策指標を設け、各国の移民政策研究者が協力して数値化している。

総合評価では、スウェーデンが1位（86点）であり、フィンランド、ポルトガルと続く。アジアでは、韓国が19位（56点）で最も高く、日本は35位（47点）にとどまる。教育は33点と極めて低く、将来の日本社会に大きな影響を与えるはずの外国人の子弟が置かれている状況が深刻であることがわかる。

外国人子弟は日本国民ではなく、義務教育の対象とされていない。このため、十分な教育機会が与えられていない。二〇一九年九月、文部科学省は、日本に在留する義務教育年齢（6〜14歳）の外国籍の子どものうち約2万人が未就学状態にあると推計した全国調査結果を発表した。また、高等教育の機会は日本国民と留学生のみに開かれ、定住外国人の子弟にはほぼ閉ざされている。二〇二一年八月二八日の『日本経済新聞』は、移民統合政策指数のなかで、外国人生徒の大学進学や入学後の支援策に関する「高等教育へのアクセス」の項目で、日本については、二〇一〇年以来「0点」が続いていると報じている。欧州の経験に照らしても、こうした状況は、移民の子どもの孤立、将来の就職難、貧困、犯罪多発などにつながる可能性が高い。

なお、移民統合政策指数における個別成績のなかでは、労働市場は比較的高い。しかし、日本は外国人労働者を使い捨てにして苛酷に扱っている、という認識は残念ながら海外に広がっている。二〇二一年七月一日に米国・国務省が発表した世界各国の人身売買に関する報告書では、日本の外国人技能実習制度が指弾されている。国内外の業者が外国人労働者搾取のために悪用し続けていると指摘し、日本は「人身取引撲滅のための最低基準を十分には満たしていない」とした。

それでも、コロナ禍が収束すれば、外国人労働者は再び大きく増加するだろう。現在、日本のさまざまな職場は外国人労働者に支えられ、日本は外国人労働者を抜きにしては回らなくなってきているからだ。企業の人手不足を外国人によることの目先の経済的メリットは大きい。日本社会に迎え入れるためのさまざまな費用をかけずにすむ安上がりな出稼ぎ労働者という位置づけは、政府や企業の短期的なメリットを大きくする。他方で、そのことは、定住外国人やその子弟を日本社会から疎外し十分に教育を受ける機会を与えない状況が続くことを意味する。そしてそれは、将来の日本社会を不安定化させる。また、東アジアの少子高齢化が進むなかで、将来的に日本で働いてもよいと思う人々を減らしてしまう、という形でも長期的な社会的コストを大きくする。「現在バイアス」を強めるフレーミングは将来の日本社会に極めて大きな負担をもたらす可能性が高い。

３　新型コロナ対策：ナッジと社会規範の重要性

二〇二〇年、ナッジの成否と社会規範が一国の命運に大きくかかわる事態が顕在化した。新型コロナウイルス（COVID-19）の感染拡大である。

新型コロナウイルス禍の幕開け

二〇一九年一二月以降、中国内陸部の湖北省武漢市で、原因となる病原体が特定されていない肺炎の患者が59人確認されて、このうち7人が重症となる。

これを受けて日本の厚生労働省は、武漢からの帰国者で咳や熱などの症状がある場合は速やかに医療機関を受診し、渡航歴を申告するよう呼びかけた。

二〇二〇年一月八日、ＷＨＯ（世界保健機関）は武漢で相次いでいる原因不明の肺炎の患者について病原体を検査した結果、新型ウイルスの可能性が否定できないと発表した。

一月一二日、WHOは中国・国家衛生健康委員会から詳細な情報を受け取った、と発表し、武漢で実施されている調査と対応措置の質、および定期的に情報を共有するというコミットメントに安堵している、とした。そして、中国政府による、ウイルスが人から人へ簡単に伝染するという明確な証拠はない、との報告を踏まえ、WHOは、旅行者に特定の健康対策を推奨しないこと、ただし、旅行中または旅行後に呼吸器疾患を示唆する症状が現れた場合、旅行者は医療機関を受診し、旅行履歴を医療提供者と共有することを推奨する一方、現在入手可能な情報に基づき中国への旅行または貿易の制限の適用に反対する、と各国保健機関にアドバイスした。こうしたWHOの当初の姿勢はあまりに中国寄り、としてのちに強い批判を浴びる。

一月一九日、米国で最初に感染者が確認された。ワシントン州スノホミッシュ郡の35歳の男性だった。彼は、咳と発熱という4日間の病歴を経て救急診療所を受診した。クリニックの受付を済ますと、待合室でマスクを着用した。約20分待たされた後、彼は診察室でクリニックの医療従事者による診察を受けた。この男性は、中国の武漢に住む家族を訪ねるために旅行した後、一月一五日にワシントン州に戻った。中国での新型コロナウイルスの発生についての米国疾病予防管理センター(CDC)からの警告を見て、自身の症状と最近の旅行に照らして、医療提供者に診てもらうことにした、と述べた、という。

一月三〇日、WHOは「国際的に懸念される公衆衛生上の緊急事態（PHEIC）」を宣言した。

三月一一日にはパンデミック（世界的な大流行）の状態にあると表明した。

二〇二一年三月末には、感染者数は、世界で約1億3千9万人、死者は約280万人にのぼり、194か国・地域に広がった。その後も変異種の感染が拡大、わずか3か月後の同年六月末には、感染者数は約1億8千万人を超え、死者の累計は約400万人となった。日本国内では、八月中旬の時点で累計の検査陽性者数は120万人強、死亡者数は1万5千人であり、本書執筆時点では世界的に新型コロナウイルス感染の終息はまだ見通せていない。

新型コロナウイルス感染症対策の基本は、①一人一人が感染しないようにする、②仮に感染した場合でも人に感染させない（感染しても約2週間、誰とも接触しなければ感染拡大はおきない）、であることはかなり早くから認知されていた。そのためには感染リスクが高い密閉・密集・密接の「三密回避」や「身体的距離の確保（ソーシャル・ディスタンス）」、「マスクの着用」、「手洗い」が必要とされた。それらをどうやって実現するのかが大きな課題となっていったのである。

各国の感染対策

各国の感染対策は、多様な展開をみせた。

ＢＢＣニュースの二〇二〇年四月九日の記事は、コロンビアでは、国民ＩＤ番号の下一桁に基づいて外出が許可されており、セルビアでは、犬の散歩時間が決められた、と報道した。なお、ベラルーシについては、大統領が医療専門家の助言を無視して、ウオツカを飲みサウナに入れば大丈夫だと推奨したことも報道されている。

多くの国で広汎にみられた対策は、国民の外出を制限し、お互いが一定の距離を保つよう求めるソーシャル・ディスタンス戦略である。これに伴い休業を余儀なくされる飲食店などに休業補償を行った国も多い。

中国、英国、ＥＵ、米国の一部、インドなど複数の国や地域でやむを得ないものを除く外出・移動が厳しく制限された。これらの国や地域では、行動制限を守らない人に罰金などのペナルティを科した。強い罰則を伴う行動の禁止や制限は「ロックダウン（都市封鎖）」と呼ばれた。飲食店などへの休業補助金、外出者への罰金、規制などの対策は、経済学のオーソドックスな処方箋に沿った対応である。

日本の対策におけるナッジの要素

日本の場合も、飲食店などへの休業補償が行われた。

しかし、二〇二〇年三月一三日に賛成多数で可決・成立した「新型インフルエンザ等対策特別措置法」では、罰金などのペナルティを伴う対策には踏み込まなかった。この法律は、総理大臣が「緊急事態宣言」を行い、都道府県知事が外出の自粛や学校の休校などの要請や指示を行うことを可能としたものの、罰則はなく、あくまで要請とされた。

強い罰則を伴う行動の禁止や外出制限(ロックダウン)が実施できない状況下で、政府が「三密回避」や「身体的距離の確保(ソーシャル・ディスタンス)」を実現するためには、国民への協力を求めることが重要であり、市民の不安を抑えつつ行動変容を促す働きかけが必要になる。政府の実際の情報発信には、思いつき的にみえるものと、行動経済学的な知見を背景にしているとみられるものが混在していた。

官邸が国民の心への働きかけを企図した政策を行ったことは注目に値する。ただ、それは、残念ながらどちらかと言えば思いつき的であったようにみえる。二〇二〇年四月一日に安倍総理は、五月までに布マスクを一世帯当たり2枚ずつ配布予定、と表明した。これは、当時、日本ではマスク入手が非常に困難になっていたことが背景にあり、布マスクの実用的価値よりも不安心理の緩和を企図したもの、とされた。多くのメディアは、これを発案したのは総理大臣秘書官であり、首相に対して「全国民に布マスクを配れば不安はパッと消える」と進言して採用された、と報じている。しかし、内外からの批判・懐疑（米ブルームバーグ通信は四月二日に「アベノミクスからアベノマスク　日本のマスク計画は嘲笑で迎えられる」との記事を配信）の声が強く、「不安はパッと消える」といった所期の成果は上げられなかった。

一方、新型コロナウイルス感染症対策についての政府への助言機関である「新型コロナウイルス感染症対策専門家会議」は、分析・助言のなかで、「みなさまにお願いしたいこと」という節を設けて、市民に行動変容を直接要請した。そのなかには、行動経済学的な知見と整合的な情報発信がしばしば見られる。

例えば、最初の緊急事態宣言中の二〇二〇年四月二二日に発出された分析・提言のなかに含まれる「人との接触を8割減らす、10のポイント」（図3-2）では、行動抑制を訴えるうえで、ネガティブな記述を極力避け、一貫してポジティブな記述が採られている。

例えば、1では「帰省しないでください」ではなく、オンラインでの帰省を推奨し、5では「飲み会は中止しましょう」、ではなく、オンラインでの飲み会を推奨している。これは、市民

人との接触を8割減らす、10のポイント
緊急事態宣言の中、誰もが感染するリスク、誰でも感染させるリスクがあります。
新型コロナウイルス感染症から、あなたと身近な人の命を守れるよう、日常生活を見直してみましょう。
1 ビデオ通話で オンライン帰省
2 スーパーは1人 または少人数で すいている時間に
3 ジョギングは 少人数で 公園はすいた時間、場所を選ぶ
4 待てる買い物は 通販で
5 飲み会は オンラインで
6 診療は遠隔診療 定期受診は 間隔を調整
7 筋トレやヨガは 自宅で動画を活用
8 飲食は 持ち帰り、宅配も
9 仕事は在宅勤務 通勤は医療・インフラ・物流など社会機能維持のために
10 会話は マスクをつけて
3つの密を避けましょう
1. 換気の悪い密閉空間
2. 多数が集まる密集場所
3. 間近で会話や発声をする密接場面
手洗い・咳エチケット・換気や、健康管理 も、同様に重要です。

図3-2　新型コロナウイルス感染症対策専門家会議の提言

出典：新型コロナウイルス感染症対策専門家会議2020年4月22日提言の参考資料1
https://www.mhlw.go.jp/content/10900000/000624038.pdf

にとってほしくない行動を断念させる、という損失強要型の表現でなく、オンライン帰省、オンライン飲み会というポジティブな表現を採ることで、その方向に誘導しようとしていることになる。国立がん研究センターの受診勧奨資材同様、フレームを変えることで損失を感じさせないようにする工夫と言ってもよい。

また、「全国の若者の皆さんへのお願い」では、

10代、20代、30代の皆さん。
若者世代は、新型コロナウイル

ス感染による重症化リスクは低いです。

でも、このウイルスの特徴のせいで、こうした症状の軽い人が、重症化するリスクの高い人に感染を広めてしまう可能性があります。

皆さんが、人が集まる風通しが悪い場所を避けるだけで、多くの人々の重症化を食い止め、命を救えます。


と呼びかけ、自分の命を守れるからという利己的利益でなく、「人の命を守る」という利他性を強調して三密回避への誘導を図っている。ヒトは利他性を持っているので、他人の命が助かる行動を取れ、という要請には従う可能性が高い。だが、自分の感染予防が人のためになるということに気がついていない人は多い。そうだとすれば、こうした人は利他的メッセージによって行動を変化させる可能性がある。さらに、こうした利他的な行動が社会規範になれば、利他的でないヒトの行動も変容させる可能性がある。利他的メッセージが社会で共有されれば、それに沿った行動を取らない人が社会規範から外れているとみなされるようになる。この場合、利己的な人間でも社会規範による制裁を懸念し、自重する可能性がある。もっとも、コロナ禍では、いわゆる「自粛警察」という自己流の社会規範の行き過ぎた押し付け問題も起きたが。

このように専門家会議は、医療関係者の行動経済学的な知識をベースに自主的に行動変容ができるよう働きかけるナッジ的手法を下敷きとした提言を試みていたようにみえる。

二〇二〇年前半から政府は何回か東京等で緊急事態宣言を発出し、市民に期間中のより強い行動変容を促した。感染拡大初期には上記のような行動変容を促すナッジは、未知の感染症への恐怖と相まってある程度、有効であったようにみえる。ただ、仮にそうであったとしても、その効果は永続的ではなかった。

東京における四回目の緊急事態宣言初日の七月一二日、東京駅付近の朝の人出は、その前週の月曜日と比べてほとんど変化がみられなかった(1%の減少)。二〇二〇年四月からの一回目、二〇二一年一月からの二回目、二〇二一年四月からの三回目の宣言の各々の期間中の平日の月曜平均と比べると、一回目を40%、二回目を17%、三回目を5%上回り、宣言を重ねるごとに人出が増えている(NHK「特設サイト　新型コロナウイルス」による)。

そこに東京オリンピック開催(二〇二一年七月二三日〜八月八日)が加わった。政府は「閉幕前日時点で、海外からの入国者およそ4万3千人のうち、陽性者は累計151人で、重症者は出ておらず、オリンピックの開催は感染拡大の原因にはなっていない」(丸川珠代五輪担当相)としてオリンピックの影響を否定した。確かに、海外から来日したオリンピック関係者を経由した感染拡大阻止には成功したようにみえる(感染力が高く重症化の危険が大きいラムダ型の変異種がオリンピック関係者によって持ち込まれてしまった、とされるがその影響は本書執筆時点で顕在化していない)。

しかし、この政府見解には、オリンピック開催が国民の行動ないし社会規範に与えた影響は考慮されていない。この点について、新型コロナウイルス感染症対策分科会の尾身茂会長はオリンピック閉幕後、入国者などからの直接的影響を否定する一方で「人流という意味で、オリンピックの開催が人々の意識に与えた影響……はあったと思う」と述べた。行動経済学的影響を重視する医療関係者らしい発言と言える。この尾身氏の発言に対し「エビデンス(証拠)のない、科学的根拠とは無縁の発言」と批判する向きもあった。これは、近年の公共政策の理念である「エビデンスに基づく政策形成(Evidence-Based Policy Making)」に沿った批判にも聞こえる。エビデンスに基づく政策形成は、政策立案の際には「データ分析によるエビデンス」に基づいた議論を行い、それを前提に政策を実施したり、変更したりすべきだ、という考え方である。

しかし、急速な感染拡大の下でのオリンピック開催という前例のない状況で、開催の高揚感が社会規範へ与えてしまう影響、ひいてはそれに基づくオリンピック開催の可否についてエビデンスを示すのは不可能と言わざるを得ない。オリンピックで目の当たりにしたアスリートの活躍はコロナと闘う人々の心に明るさと高揚感をもたらしただろう。この高揚感はおそらく人流抑制や三密回避の社会規範を、かなりの程度緩めたはずである。しかし、その影響の定量的なエビデンスの提示は簡単ではない。だからと言ってその可能性を無視してよい、ということにはならないはずである。

以上の経験に照らすと、マスク着用やソーシャルディスタンスの確保・三密回避などにあたっては、それを是とする社会規範形成とそのための適切なナッジが必要であることがわかる。とはいえ、社会規範は時間の経過とともに緩む。そうであれば、行動経済学的な働きかけで稼いだ時間を有効に活用して、ワクチン接種や医療体制の整備にあてることが重要になる。行動経済学的対応だけで問題が解決するわけではない。

ウイルスの感染拡大とストーリーの感染拡大には類似性がある

ところで、新型コロナウイルスの世界的な感染拡大で脚光を浴びたものとして、いわゆるSIRモデルがある。Sは感染する可能性のある人(susceptible)、Iは感染を広めうる感染者(infectious)、Rは感染から回復した人(recovered)であり、SIRモデルは、この人たちの相互作用として感染拡大・終息の時間的経路を説明する。

一九二〇年代に提唱された古典的な感染モデルだが、新型コロナウイルスの感染が拡大するとともに、これによる感染状況の予測経路などが、いろいろなメディアで紹介され、改めて関心を集めた。

新型コロナウイルスの世界的感染拡大の三年前に、SIRモデルに大きな関心を示していたのはロバート・シラーであった。さきにシラーが「ナラティブ・エコノミクス」という考え方を提唱していることを紹介した。率直に言って、シラーの「ナラティブ・エコノミクス」は、まだ「経済学」として離陸するまでにはかなり距離のある助走段階にみえる。しかし、その着眼点は秀逸である。彼は、新たなストーリーの登場がマクロ経済に対して重要な外生的なショックとして作用する、と論じている。誰かが新しいストーリーを思いつく。そのストーリーが人々の心を捉えると、それが感染症のように広がっていく。コウモリなどの野生の動物からひとりの人間が感染症に感染し、拡大していくように。新しいストーリーは、金融市場、ひいてはマクロ経済に影響を与える。この文脈でシラーは、ストーリーの拡散とSIRモデルで近似できる感染拡大との類似性に言及したのである。マクロ経済政策の文脈でも、どのようなストーリーが拡散し人の心を捉えるか、は大きな影響を与えうる。

第4章　メインストリームの経済学の「期待への働きかけ」

第3章では、貿易摩擦、人口問題、コロナ対策などの例を挙げて、行動経済学的な知見が社会や経済のマクロ的現象について高い重要性を持つことを述べた。しかし、行動経済学のリーダー的存在であるセイラーは、本書の冒頭で紹介したように「現実に即した行動学的アプローチをいちばん取り入れてほしい経済学の分野を一つ選ぶとしたら、マクロ経済学だろう。残念ながら行動学的アプローチがいちばん影響を与えていないのが、マクロ経済学である」と述べている。

そこで、以下では、メインストリームのマクロ経済学の考え方が最も政策実務に直結している分野である金融政策について、行動経済学的な視点でどのように補完する可能性がありうるかについて考えてみたい。

1　メインストリームのマクロ経済学が考える金融政策の枠組み

この章では金融政策に関するメインストリームのマクロ経済学の議論を簡単に要約する。次の章でそれを踏まえて行われたはずの日本の「異次元緩和」について行動経済学的視点を補足すると、どのようなことが見えてくるか、という形で話を展開する。ただし、異次元緩和はメインストリームの経済学の観点からも再検討が必要であり、その点については第6章で整理する。なお、これからの章は金融について少しだけ専門的な議論も出てくるので、土地勘のない読者のために金融政策論の補足的な説明を少し巻末につけ加えた。

金融政策の基本：安定化政策としての金利操作

中央銀行による金融政策の基本は、以下の二点に要約できる。

目的：景気や物価を安定させる

手段：金利を上げ・下げする（そのために中央銀行は公開市場操作を行う）

なお、金利には銀行の店頭などで表示されている預金金利や住宅ローン金利のように通常目にすることの多い普通の金利すなわち「名目金利」と、名目金利から（予想）インフレ率を差し引いたやや観念的な「実質金利」がある。中央銀行が直接動かせるのは名目金利だが、最終的に操作したいのはむしろ実質金利水準である。

自然利子率と中央銀行の誘導金利の規範的関係

金融政策が基本的に「実質金利を上げ・下げする」、ということなら、次の問題は、それなら、いったい、どのような水準に誘導するのが適切か、ということになる。

この問いに対する教科書レベルの答えは、中央銀行は、実質金利を「自然利子率」と等しくなるところに誘導するべき、というものである。

「自然利子率」という概念は、一九世紀にスウェーデンが生んだ偉大な経済学者であるクヌート・ヴィクセルの命名による。均衡実質金利や中立的金利という言葉も使われる。

自然利子率とは、「完全雇用が過不足なく実現できる需要」を引き出す実質金利水準である。政府の作り出す需要(公共投資など)は金利と無関係に政策的に決まる。だから、住宅投資や設備投資など金利に反応する民間需要を金利水準で増減させることになる。

実質金利が自然利子率と同じであれば、完全雇用が実現し設備稼働率も適正な水準になっているはずだ。そのため、失業の発生や物価の下落あるいは景気過熱によるインフレ加速が避けられ、「適温経済が実現できているはず」、と考えるのである。

完全雇用の達成を主に財政政策が担うか金融政策が担うかは、その国の歴史的な経験やそのときどきの経済思想によって異なる。大恐慌後しばらくの間は、直接、政府が需要を作り出す財政政策が景気安定化の主役と考えられてきた。しかし、一九七〇年代には、需要不足よりもインフレが世界中で頭痛の種になった。金利はゼロ近辺に下限があるが上限はない。だから、その気になれば引き締めはいくらでも強化できインフレを抑制できる。それなら、予算審議などに手間暇がかかる財政政策でなく、金融政策が景気対策を担えばよい。

教科書的な整理では、自然利子率以下の実質金利であれば金融政策は景気刺激的でインフレが加速し、逆に自然利子率よりも実質金利が高ければインフレ率が下がるはずだ。したがって、物価(インフレ率)の安定を中央銀行の使命としておき、中央銀行が物価を安定させれば景気変動が自然に小さくなる、ということになる。

しかし、ここには大きな問題が一つある。実質金利が自然利子率に等しければ、インフレ率が加速したり減速したりしない、としよう。それでは適温経済が実現した場合、インフレ率はどの水準で安定するのだろうか。

それは、〇%かもしれないし、五%かもしれない。実際、バブル崩壊以前から日本のインフレ率は低かった。消費者物価指数でみた一九八〇年代の平均インフレ率はG7諸国のなかで最低で、大規模なバブルが発生し異常な好景気に沸いていた一九八〇年代後半でさえ一%を下回っていた。ちなみに、一九八〇年代の米国のインフレ率は五%強だった。

インフレ率はどこに落ち着くか

実質金利が自然利子率と一致しているとき、インフレ率はどこに落ち着くのだろうか。この問題についてメインストリームの経済学者は、

中央銀行が、特定の物価指標(例えば消費者物価指数)について、インフレ目標の数値を掲げ、その達成に強くコミットすることで人々の期待に働きかければ、人々の予想(期待)インフレ率をインフレ目標の値にすることができる。そのうえで中央銀行は、短期政策金利(日本の無担保コールレートや米国のフェデラル・ファンド・レートがこれに当たる)を適切に誘導することで実際にインフレ目標を達成できる。これにより経済は安定する。

と考えてきた。とりわけ二〇〇八年の国際金融危機以前には、メインストリームの経済学者はこうした考え方に大きな自信をもっていた。

ここでは、メインストリームのマクロ経済学者のリーダー的存在として中央銀行の考え方に

大きな影響を与えてきた、マイケル・ウッドフォード（コロンビア大）の考え方を二〇〇三年の論文に沿って少しなぞってみよう。

ウッドフォードは、明確な数値目標にコミットする、という提案は、中央銀行家の直観には反するだろう、と言う。目標や「政策ルール（政策金利をインフレ率やＧＤＰギャップと一定の関係で結びつけるテイラー・ルールなど）」は中央銀行を過度に拘束し、予期しない状況が発生したときの対応を困難にする、というのが中央銀行家の感覚だろうからだ。したがって、中央銀行家の考える最善のアプローチは、その仕事について最高の知識をもつ中央銀行家に政策運営を委任し、完全な裁量を与え、彼らが金融政策という難解なアートを実践する方法について外部から余計な口出しをさせないことだろう、と言う。

しかし、ウッドフォードは、こうした考え方は、中央銀行が直面する問題についての基本的な点を見逃しているという。中央銀行の仕事は、石油タンカーや宇宙船の操縦とは異なる。石油タンカーや宇宙船を操縦する際には、タンカーや宇宙船が自分たちの行先をどのように予測しているのか、を考える必要はない。これに対し、経済を実際に動かしているのは経済を構成する人々だ。その人たちの「期待」に働きかけることで、中央銀行は、船（経済）の方向に大きな影響を与えることができる。インフレ目標を設定し、適切な政策ルールにコミットすることの重要なメリットは、それが金融政策への人々の理解を容易にすることだ。

さらに、ウッドフォードは、現代の金融政策については「期待の管理」が何にもまして重要で他のことは大した影響をもたない、とまで述べる。むろん、中央銀行は政策金利を誘導するために公開市場操作を行っている。しかし、銀行間市場での一晩だけの資金貸借の金利自体は、人々の経済的意思決定にとって無視できる程度の影響しかない。直接的には誰の支出決定にもほとんど影響を与えないだろう。

支出決定に与える影響の大きさは、中央銀行の政策が、長期金利、株価などにどの程度影響するかにこそ依存している。しかし、長期金利、株価などの決定にとって重要なのは、今日から明日までの短期金利のレベル自体ではなく、今後数か月、さらには数年にわたって短期金利がたどるだろう経路の予想である。だから、中央銀行の行動と意図に関する適切な情報提供は、政策の有効性を高めるはずだ、と言う。

期待への働きかけの重要性

ここで、人々の「期待への働きかけ」が金融政策の最前線に登場してくる。確かに、中央銀行が操るべき対象であるマクロ経済という巨大船は思考力をもつ無数の構成員からなる。その人たちが、自分がどこに向かうと予測しているのかは経済の先行きに重要な影響を与えそうだ。

マクロ経済という巨大船は一体、どこに自分が向かうと予測するのだろうか。それを分析するためにメインストリームのマクロ経済学は、自分の効用を最大化する「家計」と「企業」をモデルに組み込むことになる。そして、マクロ経済を、モデルに組み込まれた「代表的家計」と「代表的企業」の相似拡大形として扱うことで緻密な分析を行う。

モデルの世界では、中央銀行が二％とか四％といったインフレ目標を宣言し、その実現にコミットすることで期待に働きかければ、エコンである代表的企業や代表的個人はそれを前提に確率的な予想を形成しそれを前提に行動する。結果として、経済のインフレ率は二％や四％に向かって上昇する。

しかし、この分析にはいくつかの問題が潜んでいる。例えば、一般的な市民はそもそも金融政策に関心をもっているのか。関心をもっていない場合、関心をもってもらうべきなのか。それらの答えは、メインストリームの経済学を金融政策に応用するうえで、重要な論点になってくる。

インフレ目標政策の歴史的出発点

ところで、インフレ目標政策の普及は「まず理論ありき」で始まったわけではない。一九八〇年代末から九〇年代初めにかけて、政権からの政治的な金融緩和圧力による高いインフレに苦しんでいたニュージーランドを嚆矢として、いくつかの国が採用し、インフレ制圧に成功したこと、それらの国が概ね二％近傍のインフレ率を目指したことを端緒としている。

最初の採用国、ニュージーランドでは、七〇年代から八〇年代前半にかけて、二桁のインフレ率が続き、国民のインフレに対する不満が鬱積していた。八四年の政権交代後、新政権はインフレ抑制を決意し、ニュージーランド準備銀行にその達成を指示する。その際、政治目的――とりわけ選挙対策――のために金融政策を操作させるという悪しき慣習の根を絶つことを決意する。政権与党が選挙に有利な金融緩和を中央銀行であるニュージーランド準備銀行に求めるなど、彼らが現在バイアスに基づく近視眼的な指示を出しても金融政策が歪められない仕組みが模索され、その努力が八九年のニュージーランド準備銀行法として結実した。

この法律に基づき、大蔵大臣と準備銀行総裁は、「政策目標に関する合意(PTA: Policy Targets Agreement)」を設定することになった。インフレ目標値は、ＰＴＡに盛り込まれた。目標の対象となるインフレ指標は、「消費者物価指数」の前年比であり、目標値は、ＰＴＡで定められる。当初は〇〜二％と定められたが、九六年一二月のＰＴＡ改訂で目標レンジが〇〜三％に拡大され、二〇〇二年九月からは、目標レンジは一〜三％に修正された。

カナダもインフレ圧力にさらされ続けていたが、一九九〇年代初めには間接税の導入と石油価格の上昇によりインフレ懸念がさらに強まった。このため、九一年二月、カナダ銀行総裁と大蔵大臣が共同でインフレ目標の導入を宣言した。インフレ目標の対象となるインフレ指標は、基本的には、消費者物価指数の「コア」指標(総合指標から果実・野菜・ガソリン・石油燃料・天然ガス・モーゲージ金利・都市間鉄道・たばこ・間接税を除いたもの)の前年比で、導入当初は「九二年末に二〜四％、九四年央に一・五〜三・五％、九五年末に一〜三％」という段階的な引き下げが目標とされた。

英国は、八〇年代、ポンド相場の安定を機軸とする金融政策運営を行っていたが、英国民は根強いインフレに悩まされ続けた。九二年一〇月、大蔵大臣であったノーマン・ラモントがＲＰＩＸ(小売価格指数からモーゲージ金利支払いを除いたもの)の前年比を一〜四％の範囲内に抑えると発表し、インフレ目標が導入された。その後、九七年五月の総選挙で労働党の圧勝を受けて改正イングランド銀行法が九八年六月に施行され、これに基づいてインフレ目標値を政府が設定し、イングランド銀行は、この目標を達成するために金融政策運営を行うようになった。

なお、目標の対象となるインフレ指標は、二〇〇四年から消費者物価指数に変更され、目標値は、〇四年一月以降は消費者物価指数前年比二％になった。

金融危機後の状況

ニュージーランドをはじめ国民がインフレに悩み、その抑制に大きな関心を寄せていた多くの国がインフレ目標政策のもとでインフレ率の引き下げに成功していくなかで、二〇世紀の終わりにメインストリームの経済学が推奨する金融政策の枠組みも「中央銀行に二％程度のインフレ目標を課したうえで、独立性を与え目標の達成に専念させる」という形に収束していった。

政府・与党の現在バイアスがインフレ率のみにあらわれる場合には、この枠組みには都合がよいことが多い。中央銀行に独立性を与えることで、目先の選挙勝利のための政府・与党の近視眼的な金融緩和圧力から中央銀行を隔離し、インフレを抑制することができる。独立性を与えられた中央銀行は、インフレの数値目標の達成度により説明責任を果たすこともできる。

しかし、二〇〇八年の金融危機後、時間の経過とともに、メインストリームの経済学者たちが予期していなかった事態が発生する。主要中央銀行は、二％のインフレ目標を掲げながらインフレ率がそれよりも低く、いっこうに達成できない状況が長期間続く、という状況に陥ったのだ。

この場合、もともとはインフレ抑制をにらんで物価安定達成のための独立性を与えられた中央銀行は躍起になって「金融緩和」を強化し、さまざまな非伝統的金融政策を発動し、短期金利だけでなく長期金利も下げ、ひたすら需要前倒しに努めることになる。この状況は、政府にとっては居心地が悪いものではない。政府から独立した中央銀行が達成することにコミットしたインフレ目標が未達であるかぎり、つねに中央銀行の努力が不足している、という結論になる。政府は、中央銀行に対しもっと頑張るべきだ、頑張れば景気がよくなるだろう、と檄を飛ばし金融緩和強化を促し続けることができる。

しかし、金融緩和による金利低下効果の本質は需要前倒し策にすぎないから、やや長い目で均《なら》すと成長率には中立的に作用する。ちなみに需要前倒し政策の典型的な事例は、ポイントを付与したり税金を軽減したりする期間限定の補助金政策である。住宅、自動車や家電など対象商品を指定された期間内に買えば、ポイントが付いたり税金が安くなったりする分、割安だから需要は前倒しされる。したがって、期限内の需要は増えるが、補助金供与期間が満了した後には需要が減る。関連業界は、こうした補助金特需とその反動減、といったことを繰り返し経験してきた。金融緩和は、こうした補助金政策同様、低金利で需要を前倒しさせ不況期を凌ぐが、その分、将来の需要は減ってしまうので安定化政策ではあっても成長戦略ではない。補助金を増やしたところで、（別荘が買える富裕層はともかく）普通の家庭が家を何軒も持とうとするわけではない。

アベノミクスの三本の矢の、第一の矢の金融政策と第二の矢の財政政策は、成長戦略の効果発現までの時間稼ぎ、という一般的な理解も、安定化政策である金融政策には需要を恒常的に押し上げ続ける力はないことを踏まえていたはずである。

高度成長期や安定成長期までは、安定化政策で十分だった。だが、その後の金融政策の匙加減が問われているのは、経済が右肩下がりになり長期的に経済の停滞が続くなかでの対応である。金融危機やコロナウイルスの感染拡大といった激しい不況局面でできる限り経済を支えるのは当然だとしても、それを何とか乗り越えた段階で、どこまで・どのように需要を前倒しするのがよいのか・前倒しすべきなのか。金利に反応する需要をとにかく前倒しするということで現在の需要を持ち上げることは、結果として経済の右肩下がりへの圧力を強めると同時に構造問題への対処も先送りさせる。現在世代にとって厄介なのは、いったん始めた補助金やポイント付与のような需要前倒し政策の打ち切りは、その時点で消費を停滞させることだ。それを避け続けると、結果としてゼロ金利が続く。しかし、ゼロ金利が定着すると「期間限定のポイント効果」も働かなくなる。いっこうに経済が上向かなくなるのは前倒ししてしまったことによる需要の先細り、前倒し効果の減衰、両面で自然な現象である。

この状況で、「インフレ目標政策と中央銀行の独立性」という組合せは政府の現在バイアス対策として有用だろうか。ニュージーランドのインフレ目標政策は、政府の現在バイアスがインフレに結びつく、という経験を前提として中央銀行に独立性を与え、成果を挙げた。しかし、デフレが恒常化した状況では政府の現在バイアスはインフレという形では顕現化せず別の形で現れる。本書では深入りしないが、中央銀行の独立性はなんのために必要なのか、必要ならどういう枠組みにすべきか、という再検討の必要性が生じているはずである。

その後のニュージーランド

なお、インフレ目標政策のフロントランナーであったニュージーランドは二〇〇〇年代以降、さまざまな試練にさらされ、あらたな模索が続いている。

まず、二〇〇三年以後、一九七〇年代以降で最大の住宅価格変動が起こり、ニュージーランド・ドルは大きく変動し経常収支は赤字になり、家計債務と対外債務が急増した。インフレ目標政策が、金融市場の安定とマクロ経済の安定まで保証するものではないことが明白になったのである。このため、ニュージーランド準備銀行の政策スタンスは、資産価格バブルにも目配りするようになった。例えば、ブラード総裁は二〇〇四年のスピーチで「資産価格バブルを抑えようとする中央銀行員は、まず人々に嫌われるだろう。バブルが膨らむプロセスでは誰でもバブルが好きだからだ。しかし、中央銀行は長期的に公益を考えて歓迎されない決定を下さなければならないときもある」とし、状況によっては、バブル抑制に金融政策で立ち向かう姿勢を示した。これは、物価安定対応への特化を前提にした金融政策運営を求めるメインストリームの経済学や連邦準備制度のインフレ目標政策思想とは一線を画している。

さらに、二〇一八年三月の政権交代時に、より大きな揺り戻しが生じた。新政権はニュージーランド準備銀行がインフレ目標に特化するのでなく、雇用も目標に加えるべきだ、と公約で主張してきた。それを踏まえ、労働党主導の新政権と合意したPTAでは、「持続可能な雇用の最大化」を中央銀行の責務に追加したと発表された。

後述のように、メインストリームの経済学が提示した「中央銀行に二%程度のインフレ目標を課したうえで、独立性を与えインフレ目標の達成に専念させる」という枠組みは、ニュージーランドに限らず、欧米や日本でも安定的な最終到達点には程遠い。

2　物価安定をどう定義すべきか

ところで、メインストリームの経済学が推奨してきた物価安定の定義「消費者物価指数など特定の指標で見たインフレ率についての数値目標の達成」以外に有力な物価安定の定義はないのだろうか。

存在する。

それはアラン・グリーンスパンによる物価安定の定義である。

グリーンスパンによる物価安定の定義

ウッドフォードが二〇〇三年に「中央銀行家の考える最善のアプローチは、その仕事を可能な限り最高の知識をもつ中央銀行家に委任し、完全な裁量を与え、彼らが金融政策という難解なアートを実践する方法について余計な口出しをさせないこと」と書いたときに、彼がまず間違いなく思い浮かべていたはずの中央銀行家であるグリーンスパンはインフレ率の数値目標に否定的で、これとは全く異なる物価安定の定義を提唱していた。

グリーンスパンは、国際金融危機の発生後にさまざまな批判を浴び、一時のカリスマ性を全く失った。しかし、一九八七年から二〇〇六年まで二〇年近く連邦準備制度理事会(FRB)議長として米国金融界に君臨し、マエストロ(巨匠)と呼ばれ絶大な信頼が寄せられていた。

そのグリーンスパンは、一九九六年八月に開催された「物価安定を求めて」と題するカンザス・シティ連邦準備銀行主催のコンファランスで、

私たち中央銀行家は、物価安定を達成したことをどのようにして知るだろうか。経済活動から非生産的な値上がり期待によって誘発される行動を取り除けば、政策は成功したとみなされる。それは、経済の安定と最大の効率性のための必要条件だからだ。そのことは、中央銀行からみた物価安定の実務上の定義を示唆している。**物価の安定は、経済主体が経済的な意思決定における一般物価の予想される変化を考慮しなくなったときに得られる**のだ。(太字は引用者)

と述べた。人々が物価変動に対して無関心である状態こそが物価安定、というグリーンスパンの考え方は、行動経済学の用語で言えば、物価安定についての正常性バイアスが破壊されずに

すんでいる状態ということになる。この安定基準は、健全さについての多くの判断基準とも合致する。金融システムの安定は、金融市場参加者が取引相手のリスクに関心を払わなくてもよい状況であり、市場参加者の特定の金融指標、例えば自己資本比率が一定の数値を上回っているからではない。より日常的に言えば、人々が健康と感じるのは、体調について特に関心を持たないですむ状態――気分が悪かったり、どこかが痛かったり、動きが悪かったり、という不安がなく体調を気にしなくてよい状態――に対応する。その意味で、グリーンスパンの物価安定の定義は概念的には自然でわかりやすい。ただし、この「健全な無関心」は消費者物価指数上昇率(インフレ率)、自己資本比率、血圧や血糖値などのように数値的に簡単に定義できるものではない。

グリーンスパンの定義する物価安定が米国で損なわれたと考えられる時期として、一九二九年の大恐慌後のデフレ期と一九七〇年代のいわゆるグレート・インフレーション期を挙げることができる。

大恐慌のピークである一九三三年には、恐慌発生直前と比べて株価は80％以上下落し、工業生産は平均で三分の一以上低落、１２００万人に達する失業者を生み出し、失業率は25％に達した。大恐慌直後、婚姻率、出生率は急激に低下した。その後、婚姻率は一九三〇年代なかば

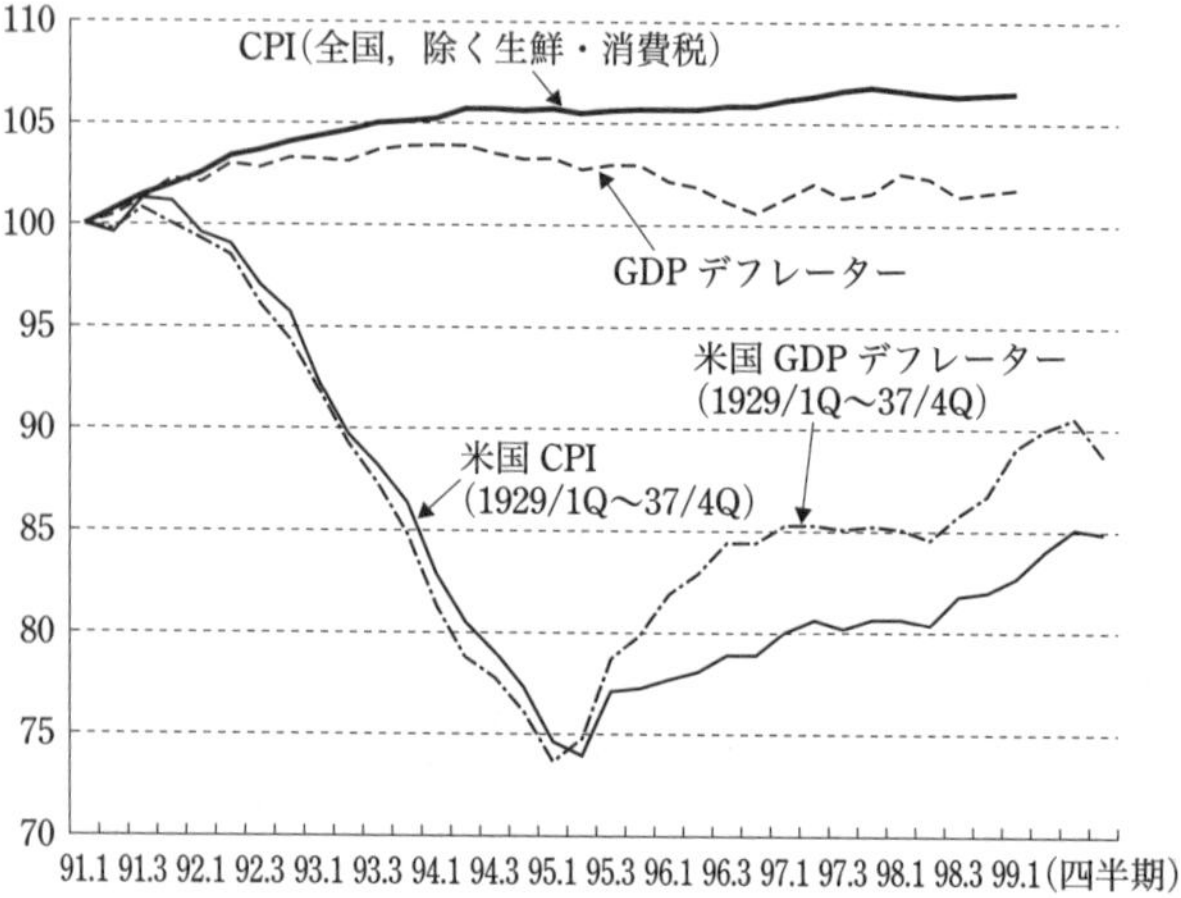

図 4-1　大恐慌期の米国のデフレ：日本の 90 年代との比較

注 1：1991 年第 1 四半期以降の日本における CPI，GDP デフレーターの水準データ(四半期平均)に，米国大恐慌期(1929 年第 1 四半期〜37 年第 4 四半期)のデータ(同)を重ね合わせた.
注 2：日本については 1991 年第 1 四半期のデータを，米国については 1929 年第 1 四半期のデータをそれぞれ 100 として基準化.
注 3：消費税の影響の控除にあたっては，調査統計局の試算値を用いた.
出典：翁邦雄「ゼロ・インフレ下の金融政策について——金融政策への疑問・批判にどう答えるか」『金融研究』18(3)，1999 年 8 月

には回復したが出生率への影響は長引き、一九三〇年代を通じて低迷を続けた。他方、離婚率は恐慌初期には減少したが、その後急増した。大恐慌当時の不安の主因は、失業や賃金の低下であったはずだが、当時の米国の物価下落は一九九〇年代の日本のバブル崩壊期とは比較にならないほど急激であり(図 4-1)、企業のみならず住宅ローンを借りていた市民にとっても深刻な脅威だったと言えよう。

他方、一九七〇年代のグレート・インフレーションと呼ばれる二桁前後の高いインフレ率の持続は、米国の人々を大いに苦しめた。この時期は世界的なインフレ期である。インフレは、米国経済に深く根を下ろしてしまったようにみえた。一九七九年にFRB議長となったポール・ボルカーはその根を絶つため、超高金利により人為的に大不況を起こした。大量の失業者という犠牲を伴いながら、米国経済はインフレを鎮圧し、高率のインフレ(およびインフレ期待)は終息した。ボルカーがこうした苛酷な政策をやり遂げることができたのは、インフレが染みついた米国で、インフレをつねに意識せざるを得ない生活に、多くの国民が嫌気がさしていたからだろう。だからこそボルカーは国民の一定の支持を得ることができ、当時、大統領だったジミー・カーターもボルカー議長の強烈な金融引き締めを支持したのだと考えられる。

物価測定が困難になってきた理由

ところで、グリーンスパンは同じ講演で物価測定の困難さにもふれている。金融政策に関する研究の多くは、アウトプットの単位が明確に定義できる商品やサービスを生産する経済を前提としている、とし、この場合には、価格指数を作る作業は簡単だという。二〇世紀前半の米国経済は、ざっくり言えば、そう考えることができただろう。

しかし、グリーンスパンが講演した二〇世紀末の時点でも、「一単位の生産物」をはっきりさせることはますます困難になっていた。当時でさえ、付加価値全体でシェアを高めていたのは、鉄1トンのような物的なアウトプットではなく、計量化困難なコンセプチュアルなものだったからだ。このような展開は価格測定に関して非常に難しい問題を提起する、とグリーンスパンは言う。

彼は、医療への名目支出の膨大な増加を「価格」と「量」の要素にどのように分解するべきか、という事例を取り上げている。この講演の四〇年前、典型的な白内障患者は七日間の入院に耐えなければならず、肉眼のレンズが取り外されたあと、術後の視力矯正が必要だった。しかし、今日、典型的な患者は外来で治療されている。また、人工レンズを採用しているため、術後の視力矯正を必要としない場合も多い。これらの大幅な品質向上を考えると、一回の手術料金を「白内障手術の価格」として扱うことはできない。これらの改善の価値を定量化し、それに応じて物価指数を調整する必要がある。以前に行われていなかった内視鏡手術の進歩は同様の問題を引き起こす。他の商品やサービスに関する例もたくさんある。ソフトウェアというアウトプットの適切な単位は何か。ATMの利便性、またはPCバンキングの登場で利用できるようになる柔軟性をどのように評価するか？　多くの場合、測定の課題は、問題の商品・

サービスが二〇年、一〇年、または二年前に存在しなかったという事実によって悪化する、と彼は述べている。

ここで、グリーンスパンが取り上げたのは、製品の品質向上や新商品の登場を統計上どのように処理するか、という問題である。いずれも各国の統計当局が今日でも必死に取り組んでいる課題であり、ヘドニック法（商品をいろいろな機能が束になったもの、と考えて消費者が機能ごとに価格を払っていると考え、その関係を統計的に推定して商品の品質変化を調整する方法）などいろいろな手法が用いられている。

グリーンスパンはエコノミスト出身であり、データを非常に重視していることでも知られている。だから、彼は、専門家の統計改善への努力に期待し大きな敬意を表してもいる。だが、それでも、アウトプットに占める付加価値の大半が、鉄鋼や石炭といった量的測定が相対的に容易なものから、量的測定が困難なコンセプチュアルなものに代わるにつれ、物価測定の原理的困難さは増さざるを得ない、と考えた。このような思想を持っていたグリーンスパンが、数値的なインフレ目標の採用に否定的だったのは必然だろう。

インフレ目標に対する世の中の認知が高まってきた二〇〇一年一〇月のスピーチでは、グリーンスパンは物価指数の測定について一九九六年における彼のスピーチと同様の論点を挙げたうえで、「これらの概念的な不確実性および測定時に生ずる問題のすべてにより、特定の数値インフレ目標は役立たずの誤った正確さを示すだろう。むしろ、物価の安定は、インフレが非常に低く長期にわたって安定しているため、家計や企業の決定に実質的な影響を与えない環境として考えるのが最もふさわしい」と、より強い表現で数値的なインフレ目標への反対を表明している。連邦準備制度がインフレ目標を採用したのはグリーンスパンが退任し、メインストリームの経済学者であるベン・バーナンキがFRB議長になってからになったのは当然の成り行きだった。

物価測定をより困難にする経済の急激な変化

総務省統計局はホームページで、消費者物価指数について、「全国の世帯が購入する家計に係る財及びサービスの価格等を総合した物価の変動を時系列的に測定するものです。すなわち家計の消費構造を一定のものに固定し、これに要する費用が物価の変動によって、どう変化するかを指数値で示したもの」と説明している。

「同じものの組合せを購入するのにいくらかかるか」、という指数は、「同じ満足度の生活を維持するのにいくらかかるか」という生計費指数とは厳密には異なる。しかし、極めて似通った動きをする、という暗黙の前提で議論されることが多い。ところが、グリーンスパンが物価指数統計の問題点を指摘した講演から四半世紀がたち、物価の測定をめぐる状況はさらに劇的に変化した。

例えば、インターネットが幅広く普及し、オンラインの世界では無料サービスが圧倒的に増えた。インターネットの検索、表計算やゲームなど多様で便利なソフト、無料の動画やコミュニケーション・ツールなどが生活を劇的に変え、生活に不可欠なサービスの多くが無料で提供されるようになっている。以前は有料で利用していたゲームや計算ソフト、動画、音楽、文献検索サービスなどが無料化されていくことは物価指数の解釈に大きな困難をもたらす。同じ生活の満足度（効用）を得るために必要な一か月の支出が去年は一〇万円だったが、今年は一〇万一千円だった場合、インフレ率は一％、というのが理論的な生計費指数だからだ。

無料サービスは購入されないが効用（満足度）を高めるから、「同じ満足度の生活を維持するのにいくらかかるか」という理論的な生計費指数は下がる。だが、無料サービスは購入されないから、支出対象から外れていく。生活に不可欠なサービスが無料化され家計の支出対象でなくなっていくことは、物価指数と理論的な生計費指数の乖離を大きくする。

そもそも、人々が直面している物価上昇率はかなり異なっている、という問題もある。大多

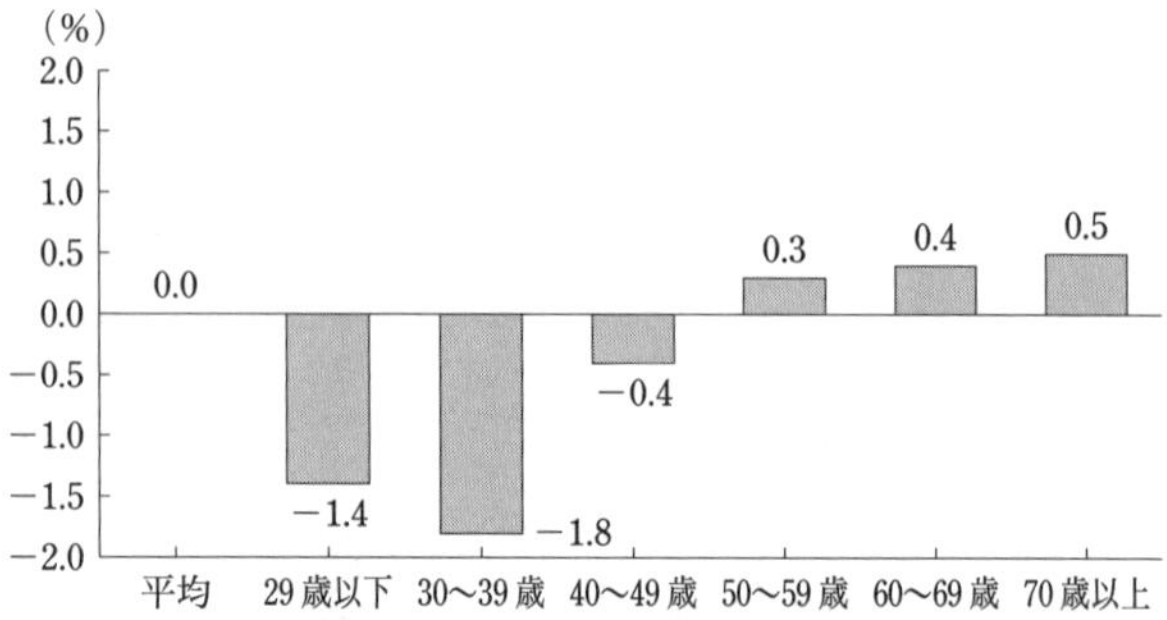

図4-2　世帯主の年齢階層別消費者物価前年比(2020年)

出典：肥後雅博「統計改革　正確で役に立つ統計を目指して」2021年7月15日
www.keiyukai.e.u-tokyo.ac.jp/events/document_0715.pdf

数の人々にとってインフレは消費者物価指数とかなり異なる。人によって何にお金を使う必要があるのかは、まちまちだからだ。家計が意識する物価は、総務省統計局の消費者物価指数ではなく、自分の生計費だ。例えば、生計費に占める食料品の比重が高い人と教養娯楽費の比重が高い人では、そのおりおりの価格変動が生活に与える影響ないしインフレの実感は全く異なるだろう。

図4-2は、日本の世帯主年齢階層別に見た二〇二〇年の消費者物価前年比である。同じ日本人でも世帯主の年代によって消費バスケットが異なるため生計費も異なり、この年については、世帯主が若ければ物価が低下するデフレ、高齢者であれば物価が上昇するインフレになっている。

国際的に見ると、消費者物価指数の構成は、その

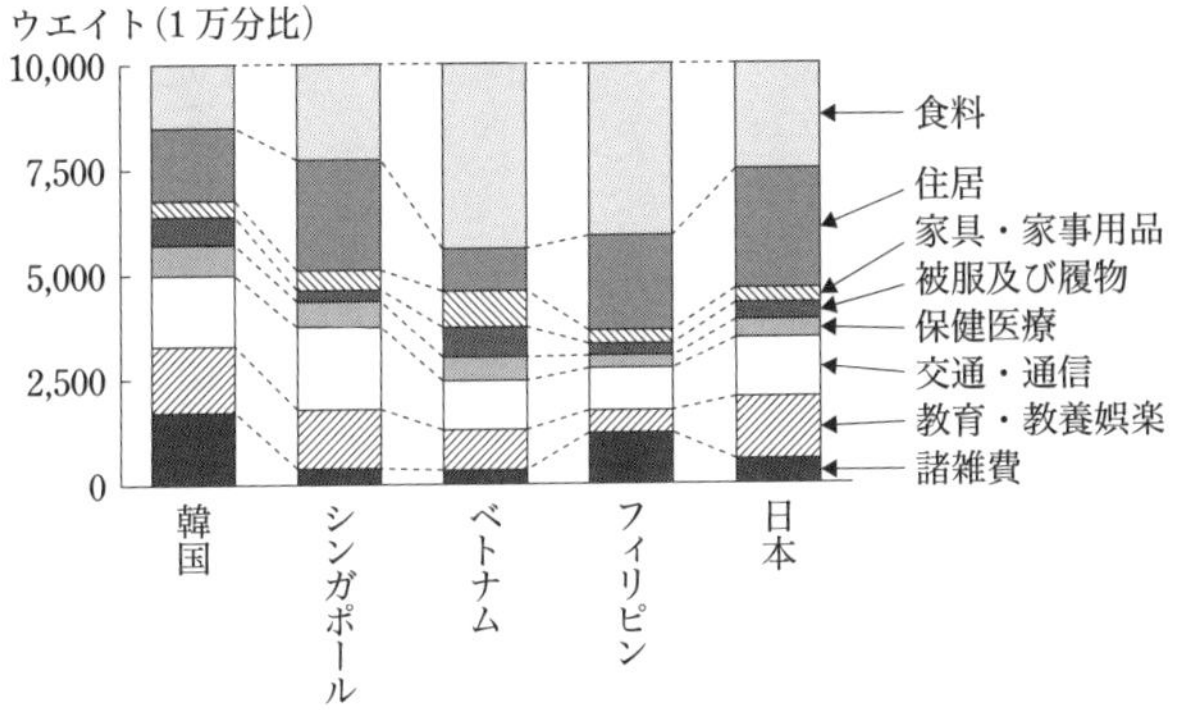

「食料」は「アルコール飲料」及び「たばこ」を含む．フィリピンの「諸雑費」は「外食」を含む．韓国の「諸雑費」は「外食及び宿泊代」を含む．

図4-3　アジア各国の消費者物価指数のウエイト

出典：落合牧子・小田大輔(2016)「アジア各国の消費者物価指数に見る物価の変動要因の比較」『統計研究彙報』第73号，2016年3月

国々の人々の暮らし方の違いによって大きく異なっている。図4-3は、アジア各国の消費者物価指数の項目ウエイトを示しており、顕著に異なっている。日本で暮らす韓国人とフィリピン人が母国の平均市民と同じ消費バスケットで暮らした場合、インフレ・デフレの実感はそれぞれ全く異なることになる。

このように、消費者物価指数の上昇率が一定の数値だったとしても、さまざまな理由で国民の生計費や実感とはずれているし、食料品五%、交通・通信費二%……と個々の品目の上昇率が仮に全く共通であったとしてもその加重和である物価の動きは国や世代によって大きく異なりうる。

しかし、統計的処理がやっかいな状況の変化があり、各国の国民がさまざまな生計費の変化に直面している場合でも、「国民の大半が物価に関心をもたないでよい状態」である国、物価安定についての正常性バイアスが機能している国では、グリーンスパンの定義による物価安定は成立している、と考えてよい。この点で、グリーンスパンの定義は強い頑健性をもっている。

第5章　「期待に働きかける金融政策」としての異次元緩和

この章では「期待に働きかける金融政策」の具体例としていわゆる「異次元緩和」を取り上げる。「異次元緩和」には、金融政策のオペレーションとしてのサブスタンスと「期待への働きかけ」としてのメッセージの両面がある。その両面について点検し、なぜサブスタンスの効果がみかけほど大きくなく、「期待への働きかけ」は失敗に終わったのかを行動経済学的知見を踏まえて検証する。

異次元緩和の出発点

まず時計の針を二〇一二年に戻し、異次元緩和の起動前後に何が起きたかを振り返ってみよう。

アベノミクスという政策パッケージが起動したのは、二〇一二年秋だった。民主党の野田佳彦総理が衆議院を解散し、総選挙に向けた選挙戦のさなか、野党・自民党の総裁であった安倍晋三氏がこの経済政策パッケージの大枠を打ち出した。

アベノミクスは、大胆な金融政策、機動的な財政政策、成長戦略の三つの要素(三本の矢)から構成されている、と説明された。

その後、総理になった安倍氏は、二〇一三年四月に黒田東彦氏を日銀総裁、岩田規久男氏・中曽宏氏を副総裁に起用し、デフレ脱却に邁進させた。

黒田総裁は「日銀としては、二％の物価安定目標をできるだけ早期に実現することに尽きる」と、インフレ目標の早期達成にすべてをかける姿勢を示し、日銀がデフレ脱却に全責任を負う姿勢を明確にした。

日銀が二年以内のインフレ目標達成に全責任を負う新執行部の姿勢は、総裁・副総裁就任会見（二〇一三年三月二一日）においても鮮明だった。岩田副総裁は、「二％のインフレ目標を大体いつ頃までに責任をもって達成するのかということに日本銀行がコミットするということ……二年くらいで責任をもって達成するとコミットしているわけですが、達成できなかった時に、「自分達のせいではない。他の要因によるものだ」と、あまり言い訳をしないということ」と述べ、「金融政策によってデフレ予想を覆してインフレ予想に転換できるのかという点が、今までの日本銀行と私の立場とが必ずしも一致していないところ」と述べ、日銀が期待への働きかけによってインフレ予想を高めることができることに自信を示した。

そして、二〇一三年四月四日、日銀は、黒田総裁体制下の新執行部による初の金融政策決定

表 5-1　2013 年 4 月 4 日に発表された「量的・質的緩和」の骨子

消費者物価の前年比上昇率 2% の「物価安定の目標」を 2 年程度の期間を念頭に置いて，できるだけ早期に実現する．
① マネタリーベース・コントロールの採用 マネタリーベースが，年間約 60～70 兆円に相当するペースで増加するよう金融市場調節を行う．
② 長期国債買入れの拡大と年限長期化 • イールド・カーブ全体の金利低下を促す観点から，長期国債の保有残高が年間約 50 兆円に相当するペースで増加するよう買入れを行う • また，長期国債の買入れ対象を 40 年債を含む全ゾーンの国債としたうえで，買入れの平均残存期間を，3 年弱から国債発行残高の平均並みの 7 年程度に延長する．
③ ETF，J-REIT の買入れの拡大
④「量的・質的金融緩和」の継続 「量的・質的金融緩和」は，2% の「物価安定の目標」の実現を目指し，これを安定的に持続するために必要な時点まで継続する．その際，経済・物価情勢について上下双方向のリスク要因を点検し，必要な調整を行う．

出典：日銀ホームページを基に筆者作成

会合において「量的・質的金融緩和」の導入を決定した。具体的な政策パッケージは、表5-1のとおりである。

そのほぼ一週間後の四月一二日、読売国際経済懇話会における講演で、黒田総裁は、「量的・質的金融緩和」が、どのようなメカニズムによって二%の目標を達成するのかということをお話しする、として、第一に、長めの金利の低下を促すこと、第二に、ポートフォリオ・リバランス効果(国債利回りを低下させることで、国債から株式など相対的に期待収益率の高い運用資産の購入意欲を高める効果、ポートフォリオは資産構成のこと)、と二つの効果を挙げたあと、第三として、「物価安定目標の早期実現を約束し、次元の違う金融緩和を継続することにより、市場や経済主体の期待を抜本的に転換する効果が考えられます」と述べ、さらに「デフレ期待の払拭です。予想物価上昇率が上昇すれば、現実の物価に影響を与えるだけでなく、実質金利の低下などを通じて民間需要を刺激することも期待できます」と説明し、予想インフレ率を上げることで実質金利が下がる、と強調したのである。この「次元の違う金融緩和」という表現が簡略化され、異次元緩和と呼ばれるようになった。

1 公開市場操作からみた異次元緩和

異次元緩和の本質は一体どのようなものだろう。それを考えるために、まず「量的緩和」の実質的な内容を公開市場操作というオペレーショナルな観点から検討するところから始めよう。

量的緩和についての二つの考え方

近年では、金融緩和には、短期金利の誘導という伝統的な金利政策だけではなく量的緩和というルートもある、とされている。

量的緩和については二つの側面がある。

第一は、長期国債を買って長期金利を下げること。

これは、金利誘導を短期金利だけでなく長期金利にまで広げる、というものなので、金利政策の拡張である。ウッドフォードも述べているように、短期金利の誘導自体、長期金利に影響を与えることを目指しているが、量的緩和の文脈では長期国債を大量に買うことで直接的に長期金利を下げることに意味がある、と考える。米国の中央銀行である連邦準備制度は、金融危機後、短期金利誘導以外に、上記の意味での量的緩和とフォワードガイダンス(将来の金融政策運営の方針を具体的に説明する)を使ってきており、FRBの元議長だったバーナンキは、これらを特に有力な追加的ツール、と位置づけている。

そして第二は、黒田総裁が強調している、中央銀行が国債等を買うことで、中央銀行当座預金ないし、それに現金を加えた通貨指標である「マネタリーベース」の供給量を増やすことである。

これにはどのような効果があるのだろうか。それを考えるうえでは、公開市場操作(金融市場関係者はオペと呼ぶ)に立ち戻って考える必要がある。

公開市場操作のメカニズム

公開市場操作という言葉は、中学の公民の教科書にも出てくるので比較的よく知られている。具体的には、

- **買いオペ**：金融市場に資金を供給するため、中央銀行が国債を買ってその代金を銀行の中央銀行当座預金勘定に振り込む。すると銀行部門全体が保有している中央銀行当座預金の総量は増える
- **売りオペ**：金融市場から資金を回収するため、国債や中央銀行が振り出す手形(売出手形)を銀行に売る。この場合、その代金が銀行の中央銀行当座預金勘定から引き落とされる。結果として、中央銀行当座預金の総量は減る

つまり買いオペは資金供給オペレーション、売りオペは資金吸収オペレーションということになる。おおざっぱに言えば、買いオペで中央銀行当座預金の総量が増えれば、資金決済のために金を借りたい銀行が有利になり短期金利には低下圧力がかかる。逆に売りオペで中央銀行当座預金の総量が減れば、短期金利に上昇圧力がかかる。こうして、中央銀行当座預金の総量を公開市場操作で調整することを通じて、銀行間の貸借金利である短期市場金利(日本のコール

レートや米国のフェデラル・ファンド・レートなど）を中央銀行が誘導する、というのが公開市場操作による金利誘導の基本的なメカニズムになる。

異次元緩和下でマネタリーベースを激増させることができる理由

黒田東彦氏が総裁に就任した後に導入された異次元緩和では、「マネタリーベース」を増加させることを強調した。この点について黒田総裁は、異次元緩和導入直後の二〇一三年四月一二日の読売国際経済懇話会における講演で、

量的な金融緩和を推進する観点から、金融市場調節の操作目標を、これまでの無担保コールレート・オーバーナイト物という「金利」から、マネタリーベースという「量」に変更し、これを年間約60～70兆円のペースで増加させることにしました。マネタリーベースとは、日本銀行が経済全体に供給する通貨（お金）の総量のことであり、具体的には、市中に出回っている銀行券（お札）と貨幣（コイン）の残高に、金融機関が日本銀行に預けている当座預金の残高を加えたものです。昨年末のマネタリーベースは１３８兆円ですが、これが今年の年末には約２００兆円、来年末には約２７０兆円と、二年間で約二倍になります。これは、名目Ｇ

ＤＰの六割に迫るものであり、先進国の中でも群を抜いて大きな額です。

と述べている。これは実は、かなり不思議な主張である。通常、当座預金は決済に使うものである。家計や企業は、例えば土地の売却代金などが手に入れば、金利が付かない当座預金や普通預金に置いておくよりも定期預金にするなどして、少しでも金利を得たい、と思うだろう。銀行も、こんなにたくさんの日銀当座預金を必要としていないはずだ。

この謎は、異次元緩和導入の約一〇年前の二〇〇一年七月二五日、外国特派員協会における藤原作弥副総裁の講演を読むと、一層深まる。この講演の約一年前の二〇〇〇年八月、速水優《はやみまさる》総裁は政府の反対を押し切ってゼロ金利解除に踏み切った。しかし、その後のいわゆるＩＴバブル崩壊で景気が悪化した。速水日銀は強い批判を浴び、二〇〇一年三月に史上初めて量的緩和に踏み切った。その四か月後の藤原副総裁の講演当時、日銀は量的緩和の実現に悪戦苦闘していた。この講演で藤原副総裁は、以下のように述べている。

三月の金融緩和措置を受けて、各種の金利はゼロ金利政策時代のボトムを下回る水準にまで大きく低下しています。（……）金融市場では、資金がジャブジャブとも言える状況になっています。このことを端的に示すのが、日本銀行がオペで市場に資金を供給する際に生じた「札割れ」という現象です。例えば、五月二一日に日本銀行は四本のオペをオファーしましたが、そのうち三本について札割れが生じました。（……）「札割れ」というのは、「資金はすでに十分潤沢に供給されているので、0・01％という金利水準であっても、なお資金は要らない」という金融機関の意思表明にほかなりません。こうした「札割れ」は五月初から半ばにかけて頻発しました。

このため、日銀はオペ最低落札金利も0・001％に引き下げた。0・001％という金利は、10億円を運用しても一日27円しか利子が付かない、という水準で、取引手数料の方が高くつく。だから、銀行は市場での貸し借りをあきらめ、その分、今までより多くの資金を自分の口座に抱えるようになった。この結果、大手銀行でさえ短期金融市場の担当部門を大幅に圧縮するところまでいってしまい「市場は死んだ」と言われた。

ちなみに、藤原副総裁の講演当時、日銀が悪戦苦闘していた量的緩和の目標は日銀当座預金残高を5兆円程度にする、というものだった。これに対し、異次元緩和のマネタリーベース倍増は二年間に日銀当座預金を130兆円程度増加させることに対応する。しかし、無担保コールレートの目標は約０・１％に据え置かれていた。それなのに、なぜ、銀行は大量の日銀当座預金を、その後どんどん抱えたのだろうか。

当座預金への付利は売出手形売却と同じ資金吸収手段

そのカギは「補完当座預金制度」にある。

銀行の日銀当座預金は、

①　これだけの額の残高を(平均して)持っていなければならないと法律で定められている「準備預金」

②　それを上回って保有している日銀当座預金(超過準備)

に分けられる。

補完当座預金制度は超過準備に対して日銀が金利を払う、というものである。これは、白川《しらかわ》方明《まさあき》総裁時代の日銀が、リーマンショックに直面したあとの二〇〇八年一〇月に導入した制度である。金融危機時には、日銀としては銀行が万が一にも決済資金不足に陥らないように大量の日銀当座預金を保有しておいてもらいたい、と考えたはずだ。しかし、それで以前のように市場取引が死んでしまうような事態は避け、一定の金利で資金貸借ができる状態を確保しておきたい。これらの目的を同時に達成するために導入された制度と考えてよい。この制度は、当初は、資金供給の円滑化を図るための時限的措置として導入されたが、その後、何回かの制度変更があったものの、恒久的な制度として定着した。

補完当座預金制度のもとでは、超過準備に金利が払われる。そのため、銀行は日銀の売出手形と同様にそれを保有することで金利を稼ぎ、資金運用ができる。家計が普通預金を定期預金に乗り換えるようなもの、と言ってよい。日銀当座預金は安全な資産である上に、かなりの金利も得られる。これなら、銀行は喜んで超過準備を保有する。

ところで、売出手形は、公開市場操作ないし金融調節上は、「資金余剰の吸収手段」であることを思い出してほしい。超過準備への付利は資金余剰を実質的に吸収する。だから事実上は売りオペなのである。

超過準備への付利で資金を吸収するのと、売出手形で吸収することの違いは、売出手形を使って余剰分を吸収した場合、マネタリーベースは増えないが、超過準備への付利で吸収すれば統計上マネタリーベースはどんどん増える、という点にある。補完当座預金制度があれば、マネタリーベースを増加させる苦労は大幅に軽減させることができる。

売出手形は簡単に売買できるが、最長、三か月の満期がある。家計の感覚で言えばごく簡単に解約できる定期預金のようなものである。付利された超過準備は、当座預金に金利がついている。だから金利を稼ぐ資産であると同時に、建前としては即座にいろいろな決済や銀行券の引き出しに使える。便利だから銀行は喜んで超過準備を保有するのではないか、という見方もあるかもしれない。しかし、ゼロ金利が恒常的になった世界では0・1％の金利をもつ日銀当座預金は重要な運用資産で、銀行は金融危機でも来なければ決済に使うつもりはないし、その金利収入を失いたくない場合、銀行が「自由に使える」わけでもない。

自由に預金を引き出してはいけない日銀当座預金

この点は、二〇一六年一月のマイナス金利政策導入時に明確になった。ここで、ついでに市場金利をどうやってマイナス金利に誘導するのか、という話をしておこう。

超過準備に払われる金利は二〇一六年一月のマイナス金利政策導入までは一律0・1％だったが、二〇一六年一月以降、それぞれの銀行ごとに一定の計算式により基礎残高・マクロ加算残高・政策金利残高という三つに分割された。各々の残高の意味は次のとおりである。

- まず、超過準備のある程度までの残高は「基礎残高」として引き続き0・1％の金利を払

う

• それを超えてある程度までの残高(マクロ加算残高)には金利は払わない(0%)

• さらにそれを超えた残高(政策金利残高)にはマイナス0・1%の金利(0・1%のペナルティ)を課す

日銀の計算式は、日銀当座預金の一部が政策金利残高になりペナルティを受ける銀行と、政策金利残高までいかずペナルティを受けずにすむ銀行とが生じるように設計されている。

例えば、A銀行が26兆円の日銀当座預金を持っている、とする。A銀行に対して日銀が定めた計算式をあてはめたときに、基礎残高21兆円、マクロ加算残高4兆円、政策残高1兆円になっていた、としよう。

このとき、A銀行は、基礎残高から年間210億円の利息を受け取れる。ただ政策残高をそのまま持っていると、年間10億円のペナルティを払わなければならない。

そこでその1兆円を、例えば、マイナス0・05%の金利でB銀行に借りてもらう。このB銀行は、日銀当座預金残高の保有が少なく、日銀の計算式でマクロ加算残高にまだ余裕がある銀行だ。この取引で、A銀行が政策残高をゼロにできれば、10億円のペナルティを5億円の利息の支払いに置き換え、5億円損失を圧縮できる。B銀行は、借りた1兆円を金利ゼロのマクロ加算残高に寝かせておけば5億円の利息収入が得られる。こうした取引を通じて、日銀は銀行間の貸し借り金利であるコールレートをマイナスに誘導することができる。そういう仕組みになっている。

一見、よくできた制度だが、もし、銀行にとって日銀当座預金が自由に使えるのであれば、この仕組みはうまくいかないかもしれない。A銀行には、簡単に政策残高による損失をゼロにする方法がある。政策残高がゼロになるところまで日銀当座預金から銀行券を引き出し、A銀行の各店舗の金庫に収納しておけばよい。ちなみに日銀がマイナス金利政策を導入したとき、金庫が飛ぶように売れている、という報道があった。民間銀行も普通預金や当座預金にマイナス金利を導入し、預金者から利息を取るのでは、という不安が広がり、タンス預金にシフトする動きが広がった、というのである。

家計と同様に、銀行にとっても日銀当座預金の最も基本的な用途のひとつは銀行券を引き出すことだ。日銀当座預金残高が多すぎることでペナルティとしてのマイナス金利が課せられるなら、余分の預金を銀行券として引き出し、銀行の金庫にできる限りストックしておいた方がよい。

そうした対策をとると銀行券管理上の負担は増えるはずだから、銀行がペナルティ回避のためにどの程度、大々的にそうした作戦にでるかはわからない。しかし、マイナス金利政策導入時、日銀は、この可能性を懸念した。だから金融機関の現金保有額が基準期間から「大きく」増加した場合には、その増加額を0%や+0・1%が適用される残高から控除する、と強く牽制した。日本銀行当座預金のマイナス金利適用に関するQ&A（取引先金融機関等向け）（二〇一六年四月二八日版）は、以下のように書かれている。

Q　金融機関の現金保有額が基準期間から「大きく」増加した場合には、その増加額を0%や+0・1%が適用される残高から控除するとしているが、その具体的な基準はあるのか。

A　現時点で具体的な基準は設定していません。日本銀行では、日々の取引関係等を通じて、金融機関の保有現金について不自然な動きがあれば把握できると考えています。したがって、取引先金融機関等が大量の銀行券を引き出すといったことは起こらないと考えており、この点は信頼しております。ただ、本政策の趣旨を踏まえて必要が生じた場合には、こうした対応を講じ得ることを記述したものです。

これらのことから明らかなのは、0・1%の金利が払われる日銀当座預金が銀行にとって虎の子の運用資産であるだけでなく、この額は、銀行の日銀当座預金の使い方によっては、日銀の裁量で減らされることがある、ということである。こうした懲罰の可能性にかんがみると、日銀当座預金の実質的な流動性は、自由に転売可能な売出手形より高い、とすら言えそうにない。

２　「期待への働きかけ」の帰結

　このようにしてみるとマネタリーベース急増は、売出手形同様、日銀が当座預金に金利を払い銀行に運用資産としてそれを保有させる凍結政策によって可能となっており、それ自体には緩和効果はなかった。実際、黒田総裁の講演や記者会見を見ても、マネタリーベース増加自体の緩和効果を全く謳ってはいない。異次元緩和導入時に黒田総裁が強調したのは、市場や経済主体の「期待」を抜本的に転換することで予想インフレ率を上げることであり、マネタリーベース倍増はそのシンボルであった。

　異次元緩和導入当時、ＩＭＦの調査局長だったオリビエ・ブランシャール（それ以前はＭＩＴで長く教鞭をとった高名なマクロ経済学者）は、ＩＭＦスタッフとの共著論文のなかで、日銀の質的・量的緩和について論じ、以下のようにコメントしている(Blanchard, et al. (2010))。

マネタリーベースを二倍にする意向を表明した日銀の最近のアナウンスメントはたいへん興味深い。それがどのような効果を持つかは、家計と企業がインフレ期待を変化させるかどうかに大きく依存しているからである。もし、家計と企業がインフレ率を実際に上方修正すれば、それは賃金と物価の決定に影響を及ぼしより高いインフレ率をもたらす。その意味でデフレ脱却の文脈では望ましい結果につながる。しかし、期待が変わらなければ、マネタリーベースの増加自体がインフレ率を有意に高める、と考える理由は存在しない。したがって、マネタリーベースを劇的に拡大させる動機の大きな部分は心理的ショックを与え、政策への受け止め方と物価形成のダイナミクスをシフトさせることにある。この政策は、日本の他の政策当局の他の政策手段と相まってうまくいくのだろうか。そのように願うことにしよう。しかし、われわれは、教科書に記述されている金融政策のメカニカルな効果からは、極めて遠い地点に来てしまっているのである。

メインストリームの経済学者の解釈では、マネタリーベース倍増はそれ自体として効果はない。だが、家計や企業に中央銀行総裁の強いコミットメントが伝われば、インフレ期待を作り出すかもしれない。つまり、異次元緩和はサブスタンスでなく、「期待に働きかける」一点突破に賭けた金融政策だ、と解釈したのである。

表 5-2　日本銀行の 2 年以内 2% 目標達成の可否についてのエコノミストの見方

	2013 年 4 月	2013 年 5 月
「はい」（＝できると思う人）	2	2
「いいえ」（＝できないと思う人）	31	32
「どちらとも言えない」	7	5

出典：日本経済研究センター「ESP フォーキャスト調査」
備考：エコノミストへの質問は「黒田日銀総裁は，2 年で物価上昇率を 2% にすることを目指すとしているが，2 年以内（2015 年 3〜4 月ごろまで）に目標を達成できるか」を聞いた．

エコノミスト・金融市場関係者は懐疑的

エコノミストの大半は、異次元緩和の効果は、二年以内に二％のインフレ目標を達成させるほど大きなものではない、と判断していた。黒田総裁の説明でも、肝心のマネタリーベース増加には「期待への働きかけ」以外の直接的な金融緩和効果は主張されていない。また、すでに極めて低い長期金利が量的・質的金融緩和でさらに若干、低下したとしても、その効果は限られているからだ。このため、表5-2で見るように、目標達成はとうてい不可能という反応になった。

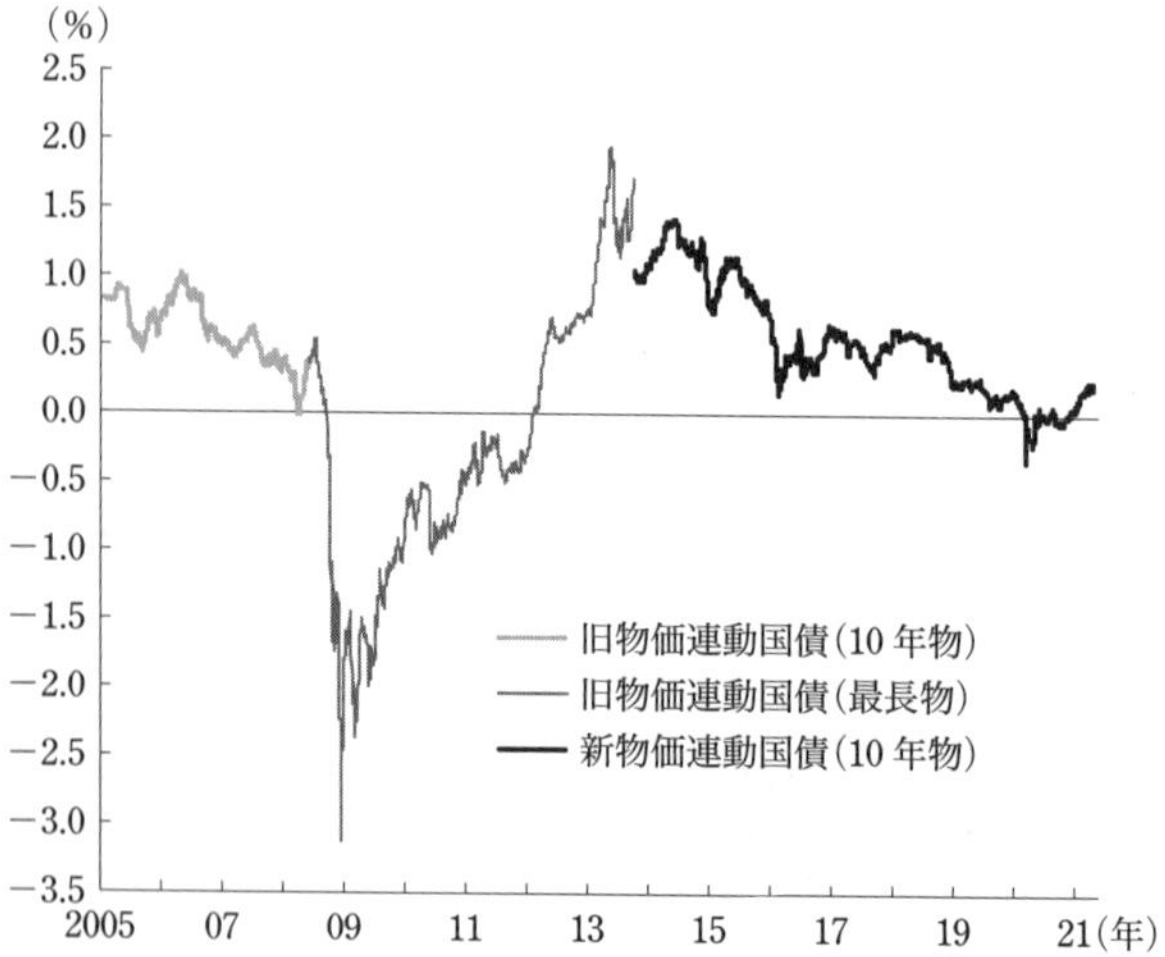

図5-1　予想物価上昇率の推移(ブレーク・イーブン・インフレ率)

注：固定利付国債利回り—物価連動国債利回り．物価連動国債のうち，2013年10月以降に発行されたものを新物価連動国債，それ以外を旧物価連動国債と呼称．旧物価連動国債の最長物は，16回債(2018年6月償還の銘柄)の利回りを用いて算出．
出典：日本銀行「経済・物価情勢の展望」(2021年4月)
https://www.boj.or.jp/mopo/outlook/gor2104b.pdf

そのことは、黒田総裁が就任当初からその動向に特に注目し、再三言及してきた予想インフレ率であるブレーク・イーブン・インフレ率(BEI、図5-1)からもみて取れる。

ブレーク・イーブン・インフレ率というのは、物価連動国債と通常の国債の利回りの差から市場参加者の予想するインフレ率を推測するものだ。物価連動国債は、元金額が全国消費者物価指数(生鮮食品を除く総合指数)の上昇率に応じて増加する。通常の固定利付国債と比べてどちらが有利になるかは、消費者物価指数の今後の動向に左右される。このため、一定の仮定の下で国債市場参加者の予想する消費者物価指数の上昇率が直接観察できることになる。

ブレーク・イーブン・インフレ率は、二〇〇八年のリーマンショック後、白川総裁時代には、一貫して回復を続けていたものの、黒田総裁になってから速やかにピークアウトし、以降、低下傾向をたどった。債券市場参加者は、日銀に十分な手段がないことを早々に見切ってしまったことになる。

黒田総裁は総裁就任前から中央銀行総裁が本気でコミットすれば期待形成は変化するはず、と主張していたが、マネタリーベース倍増という実効性のない心理的ショックだけで「将来インフレになる」、というストーリーはエコノミストや債券市場には受け入れられなかった。

そうしたエコノミストの常識的な判断を超えて、インフレ予想が高まり目標が達成されることがあるとすれば、エコノミストが想定していないような大きな意識変化が中小企業や家計の間で起きる必要があったはずである。ブランシャールの異次元緩和が成功する可能性についての解釈はこれに近い。

しかし、「マネタリーベース倍増」というメッセージは必ずしも一般市民には届かなかった。

家計の反応はエコノミストを下回る

図5-2は、二〇二一年四月の日銀の「展望レポート」による(五~一〇年先を中心とした)家計やその他のさまざまな人たちの予想物価上昇率の長期的推移を眺めたものである。二〇一三年四月の異次元緩和導入に先立ち、安倍自民党総裁は、野党党首である立場を生かし政府・与党の立場では不可能な円安推進を明言し、国際環境の変化とも相まって大きな円安が起きていた。このため、輸入物価は急上昇し、家計のインフレ予想の上昇には有利な状態になっているはずだった。人々は物価指数が少し上がるくらいでは、物価全体の動向とされる消費者物価指数の変動には関心は向けない。しかし、個別の財・サービスの価格にはとても敏感だ。ガソリンや食品など身近な輸入品の価格急上昇は家計に直接的な打撃を与えるから、物価全体の動向に関心を向けてもらう契機になりえてもおかしくない。しかし、図5-2を見ると、物価上昇率は長期的にも二%近辺に到達することはない、と予想されており、家計の予想物価上昇率はエコノミストの予想物価上昇率を下回り、時間の経過とともに、じりじり下がっている。

一般市民は、異次元緩和とその影響をどう受け止めたのだろうか。

二〇一三年四月に日銀が量的・質的金融緩和を導入した際、新聞などは相応に大きく取り上げた。テレビのニュースでは、日銀を「水道の蛇口」、日銀当座預金を「水」にたとえ、水道

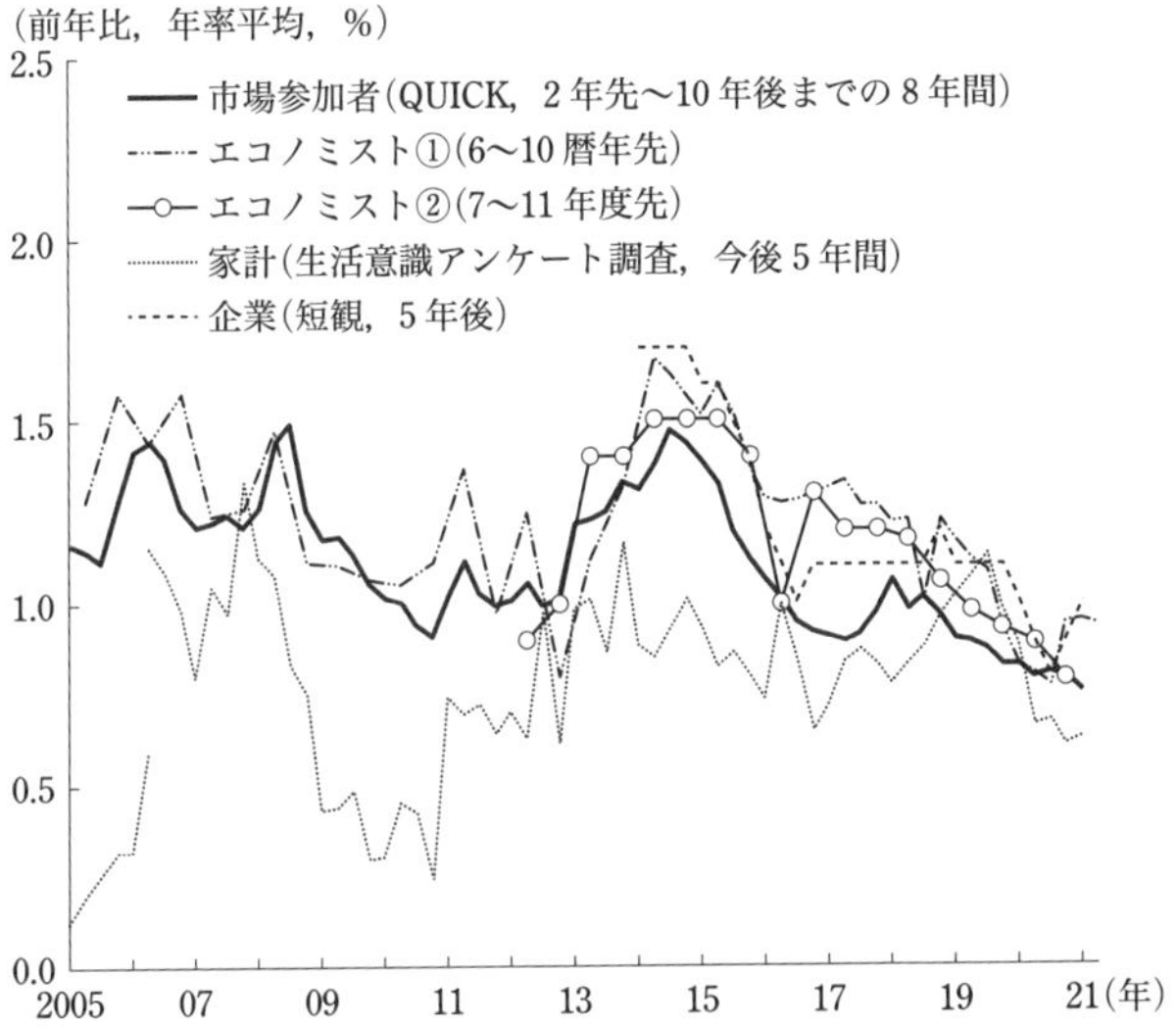

図5-2　予想物価上昇率の推移(各種調査)

注1：エコノミスト①はコンセンサス・フォーキャスト，②はESPフォーキャスト．
注2：家計は，修正カールソン・パーキン法による．
注3：企業は，全産業全規模ベースの物価全般の見通し(平均値)．
出典：日本銀行「経済・物価情勢の展望」(2021年4月)
https://www.boj.or.jp/mopo/outlook/gor2104b.pdf

のコックを全開にして、蛇口から水がジャブジャブ流れる様子のイラストを添えて説明する、といったことがなされていた。テレビや新聞などの報道を見た国民のなかには、日ごろから日本経済への幅広い関心をもち専門用語に詳しい人もいたはずだ。「マネタリーベース」を倍にする、というニュースで蛇口から水があふれるイラストを見てひょっとして物価が上がるのではないか、と思った人たち

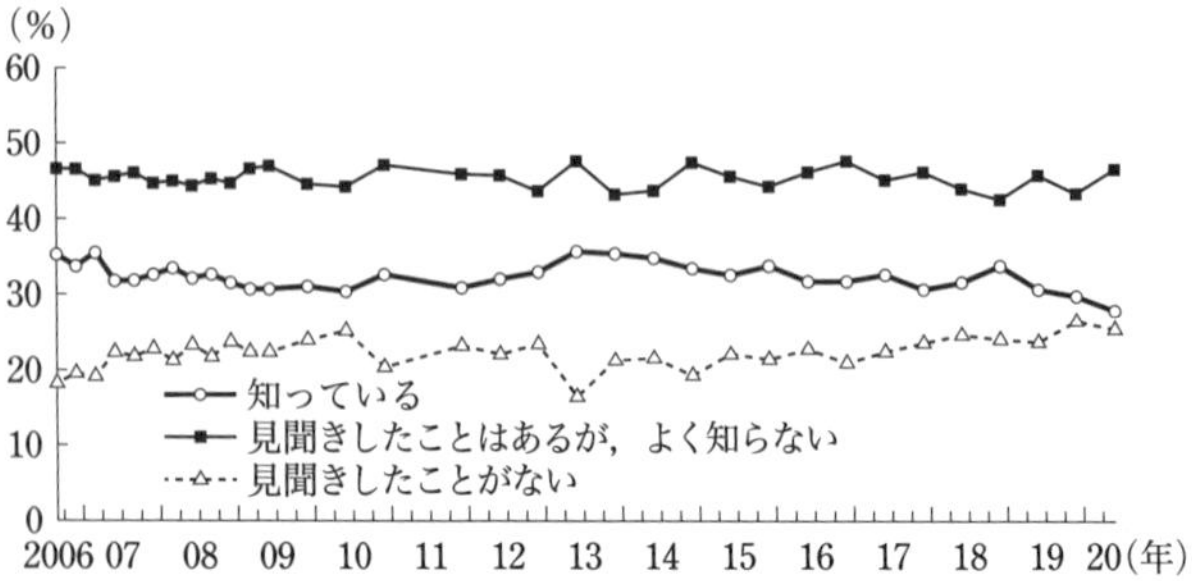

図 5-3　日銀が「物価の安定」を目的の一つとしていることの認知度

注 1：郵送調査となった 2006 年 9 月以降を掲載.
注 2：2009 年 6 月までは年 4 回，それ以降は年 2 回実施．2011 年 6 月は実施せず.
出典：日本銀行「生活意識に関するアンケート調査」(第 82 回〈2020 年 6 月調査〉)の結果
https://www.boj.or.jp/research/o_survey/data/ishiki2007.pdf

もむろんいただろう。経済に特に関心の高い市民のなかには、日銀が二〇一三年一月に二％のインフレ目標を設定したことを踏まえて、アンケートで予想インフレ率を問われれば、二％と答えた人もいたはずだ。

家計は異次元緩和に関心をもたなかった

しかし、こうした人は少数派だった。

図5-3は、日銀による「生活意識に関するアンケート調査」において、日銀が「物価の安定」を目的としていることについての認知度の長期時系列グラフである。

これによると、見聞きしたことがない、という回答が異次元緩和直後にわずかに下がったものの、それに見合って上がったのは「見聞きしたことはあるが、よく知らない」との回答であり、その後、「知っている」という回答は30％台前半から徐々に低下した。異次元緩和導入約七年後の二〇二〇年六月調査では「知っている」という回答は二割台後半、日銀が、消費者物価の前年比上昇率二％の「物価安定の目標」を掲げていることについては、「知っている」との回答が約二割にとどまっている。

一般市民の大半は「マネタリーベース」という専門用語は知らず、異次元緩和のニュースは、何の話だかよくわからないままスルーした。それが、「生活意識に関するアンケート調査」における「見聞きしたことはあるが、よく知らない」との回答の増加に対応している。

ちなみに、低インフレ期における家計の金融政策への無関心は、日本に特有の現象ではない。例えば、国際決済銀行（ＢＩＳ）のエコノミストたちは、二〇一三年から一九年の期間について「消費者の期待に関する調査（Survey of Consumer Expectations）への回答」を使い、日銀の金融政策決定会合にあたる連邦公開市場委員会（ＦＯＭＣ）が金融政策に関して行ったアナウンスが家計の期待に与える影響を研究している。その結果、その期間中に開催された最も重要性の高い会議のあとのアナウンスも含め、金融政策方針の発表が人々のインフレ期待に与える影響は微弱であることがわかった。日常生活のなかで一般の人々に自然に届く実際の経済ニュースの提供するシグナルは弱い、というのがＢＩＳのエコノミストたちの結論である。

日本の状況はグリーンスパンの物価安定の定義を満たしていた

安倍総理の提唱していたアベノミクスは、デフレが日本経済の停滞の元凶、というフレーミングを採っていた。そもそも、黒田総裁が異次元緩和に踏み込む直前、国民はデフレを実感し懸念を共有していたのだろうか。

二〇一三年三月時点における日銀の「生活意識に関するアンケート調査」の結果を見よう。家計の物価動向についての感想は、一年前と比べて物価が「上がった」と答えた人は四割台後半に達し、その約八割の人が「どちらかと言えば、困ったことだ」と回答した。これに対し、一年前に比べて物価が「下がった」と答えた人は一割弱にとどまり、その半数近くは「どちらかと言えば、好ましいことだ」と回答し、「どちらかと言えば、困ったことだ」と回答している人は二割強にとどまっている。また、アンケート回答者の実感物価上昇率の平均値は二％だった。

家計に対するアンケート調査を見る限り、黒田総裁が異次元緩和に踏み込んだ二〇一三年当時、多くの日本国民はデフレの実感や懸念を持っておらず、消費者物価指数を二％に上げるべきだ、という問題意識を黒田総裁と共有していたとは言い難い。この状態は、二年以内に二％

のインフレ率達成を至上命題として掲げた当時の日銀にとっては極めて望ましくない事態だった。

しかし、日銀にとって極めて不都合なインフレ率への国民の無関心は、異次元緩和導入当時、日本ではグリーンスパンの物価安定の定義に即した状態が実現していたことを意味する。

グリーンスパン的な物価安定脱却の二つの方法

グリーンスパン的な物価安定を打ち破るには、①インフレ率に無関心ではいられない状態を作る(正常性バイアスの打破)か、②インフレ率の引き上げについてのポジティブなフレーミングを作る必要があったはずだ。

インフレ率が長年安定してきた国では、仮に若干インフレ率が増減しても、正常性バイアスが働き、基調的なインフレ率が変わった、と国民が敏感に認識し予想インフレ率が大きく変化することはない。米国の場合は、予想インフレ率は二%で安定していることが知られており、この点について中央銀行エコノミスト等の間では「予想インフレ率が二%にアンカーされている」などと表現されている。

正常性バイアスが壊れるにはどの程度のインフレ率が必要なのだろうか。他国の経験によれば、実際のインフレ率の上昇を通じて、物価の正常性バイアスが破れ、人々がインフレに敏感になるには、相当程度大きくインフレ率が動く必要があるらしい。

FRBのエコノミストがメキシコのデータについて行った分析(Pfajfar and Roberts (2018))では、非常に高いレベルのインフレ(一五%以上)では、価格変動の感度は一般的なインフレ率に敏感であるが、一〇〜一五%の範囲未満のインフレ・レベルでは、インフレに対する価格変動の感度は高まらない、としている。

また、米国では、一九七〇年代後半から八〇年代初頭のいわゆるグレート・インフレーション期には、その後の時期よりも頻繁に価格の変動が確認された、という。

むろん、国によって過去の歴史的経験や平均的インフレ率が異なるため、正常性バイアスの閾値は違うはずだ。日本の場合、これよりかなり低いインフレ率で物価上昇を意識する可能性もあると思われる。先ほども触れたように、二〇一三年四月の異次元緩和導入に先立ち、安倍自民党総裁は、円安推進を明言し、国際環境の変化とも相まって大きな円安が起き、輸入物価は一時急上昇していた。しかし、消費者物価指数は一時的に一・五%程度まで上昇したのにとどまる。第1章でみた「パニックを起こす四条件」の成立にはいずれも距離がある。また、「生活意識に関するアンケート調査」における数値化された実感物価上昇率(これをどう読むか、という問題はあるが）の平均値はとりあえず二％なので、消費者物価指数でみて二％のインフレ率達成こそが必要なのだ、と呼びかけても、インフレ率についての正常性バイアスにはほとんど影響はなさそうにみえる。

異次元緩和に欠落していた家計にとってポジティブなストーリー

上記のように二％という目標インフレ率は、正常性バイアスの破壊にはマイルドすぎる。正常性バイアスが壊れない形で物価上昇の必要性に共感をもってもらうためには、物価上昇の果実についてのポジティブなフレーミングないしストーリーが必要だったはずだ。しかし異次元緩和の説明にはそれが欠落していたようにみえる。

なぜ二％のインフレ目標達成が必要なのか、という点について黒田総裁は、当初から、

①　消費者物価指数には上方バイアスがある

②　景気が大きく悪化した場合に金利を引き下げる金融政策の「のり代」を確保するために必要

③　「二％」の物価上昇率を目標とすることは「グローバル・スタンダード」

という三つを挙げ、その後も同じ説明を繰り返している。これらの理由の妥当性はあとで検討

することにし、ここでは、期待への働きかけ、という観点のみで考える。すると①、②はテクニカルで家計には関心を呼ばないだろうし、③の国際規範も、一般国民の生活にはおよそ関係がない。換言すれば、国民の大半が「どちらかと言えば、困ったことだ」と認識している物価上昇をポジティブな現象に転換させ、期待や行動変容を促すようなフレーミングはここには存在しない。

国民の悩みや不安に寄り添うポジティブなフレーミングには何が必要だったのだろうか。日銀が異次元緩和を開始したのとほぼ同じ時期である二〇一三年六月、内閣府は世論調査で「日頃の生活の中で悩みや不安を感じている」と答えた人たち(4391人)に、その中身を訊いている。それによると、「老後の生活設計について」を挙げた者の割合(55・3％)が最も高く、以下、「自分の健康について」(48・3％)、「家族の健康について」(41・4％)、「今後の収入や資産の見通しについて」(41・3％)などの順となっている(複数回答、上位四項目)。

あたりまえのことだが、家計の不安の中核は、家族の健康と今後の生活設計・収入なのだ。金融政策と関連しそうな後者については、当然、具体的には賃金や公的年金は今後、どうなるか、ということこそが切実な関心なのだ。そうである以上、インフレ目標がポジティブなフレーミングとして国民の共感を得るためにはそれが賃金上昇と一体であるという説明が必要だったろう。

黒田総裁も、異次元緩和導入の約一年後の二〇一四年三月の講演で賃金についてふれている。家計が、実感として、「物価が上がるのは好ましくない」と感じることは、極めて自然なこと、としし、もし賃金が変わらないのであれば、物価は下がる方が望ましいに決まっている、と家計のネガティブな反応に理解を示している。しかし、黒田総裁は賃金が上昇せずに、物価だけが上昇するということは、普通には起こらない、物価の上昇に伴って、労働者の取り分である労働分配率が下がり続けることになってしまうからであり、こうしたことは、一時的にはともかく、たぶん長く続くとは考えられない、と続けている。しばらく物価上昇を我慢していればたぶんいつかは賃金上昇が追いかけはじめるだろう、というニュアンスである。

物価が上がっても賃金は上がらない

しかし、そもそも多くの国民にとって「物価が上がれば、賃金が上がる」という説明は実感として共有できないはずのものだった。例えば、この時期、吉川洋氏は、なぜ日本だけがデフレなのか、という問いを立て、その答えは、日本だけで名目賃金が下がっているからだ、と結論づけた（吉川（2013））。

名目賃金はデフレ期待によって下がっているわけではなく、大企業における雇用システムが名目賃金を抑える方向に変貌を遂げたからだ、という吉川氏の認識は大きな関心を呼んだ。この認識は、政府・与党にも浸透した。政府が経済界や労働界のトップと雇用問題などで意見を交わす「政労使会議」の初会合が二〇一三年九月に官邸で開かれ、この会合で安倍首相は「経済はデフレ脱却の方向に向かっている。この動きを企業収益、賃金、雇用の拡大を伴う好循環につなげられるかどうかが勝負どころだ」と述べ、賃上げや雇用拡大への協力を求めた。

しかし、この試みは十分に成功したとは到底言えなかった。日本の企業はその後も、コスト削減のためリストラを間断なく続けて利益を積み上げていった。その背景には企業の存続を危うくするようなバブル崩壊後のさまざまな経験、長期の経済成長についての悲観的な見通しがある。企業は生き残りのため設備投資を低水準にとどめ、正規雇用を非正規雇用で代替し人件費を圧縮する動きを続けた。企業の内部留保は積み上がっていき、多くの企業が生き残ることで大規模な失業は発生しなかったが賃金は上がらなかった。しかし、非正規雇用の労働者を中心に、将来所得への不確実性と不安は高まり、年金への不安と相まって家計は消費を抑制させた。これらの要素が日本の長期停滞につながったという可能性も指摘されている（小川（2020））。

このように、不安定な非正規雇用のもとで賃金の低下圧力にさらされ続けている家計にとって、物価が上がれば自然に賃金が増加するにちがいない、と思えるはずはなかった。物価が上がっても賃金そして所得は取り残される可能性が高い、と感じていたとすれば、物価上昇を前向きにとらえるはずはなかった。

ちなみに、この点では、異次元緩和開始当時、米国のメインストリームの経済学者のなかには米国の大恐慌のデフレの経験から異次元緩和前の日本経済を解釈し、デフレ脱却が国民的に高い関心を持たれているはず、という「勘違い」もあったように思える。例えば、異次元緩和導入後、早い段階でアベノミクスの検証と展望を試みたジョシュア・ハウスマンとヨハネス・ウィーランド(いずれもUCサンディエゴ大)の論文では、大恐慌後のフランクリン・ルーズベルトの政策とアベノミクスの「明白な類似点」として、第一に、一九三三年の米国は、二〇一二年の日本同様、デフレ下にあったこと、第二に、ルーズベルトも黒田総裁ないしアベノミクスを主導した安倍総理は金融政策のレジーム・チェンジを狙ったこと、を指摘している。そして、ルーズベルトは、行動と言葉を結びつけ、人々にデフレがモデレートなインフレに置き換わるであろうことを確信させた。だから、異次元緩和にも同様の「レジーム・チェンジ効果」の期待がもてる、と予想している。

しかし、すでに述べたように、大恐慌当時の米国と二〇一三年当時の日本では経済的困難の規模も物価情勢も全く異なっており、デフレだけで「大恐慌と同じ」、とくくるのは乱暴すぎる。ルーズベルトの就任前、一九三二年だけでも、実質GDPは一三％減少、消費者物価は一〇％下落しており、米国民のデフレへの関心は高かったはずだが、二〇一三年当時、日本国民の実感インフレ率は平均値二％程度で、日本国民の大半はデフレではなくインフレを忌避していた。

心理的衝撃を与えるサプライズの試み

念のために言えば、黒田総裁の政策運営は心理面を全く無視していたわけではない。むしろ、その関心はしばしば市場参加者の心理にどう影響を与えるかに向けられていたようにみえる。例えば、就任当初、黒田総裁の発言は市場参加者の期待インフレ率を高めるために、金融政策の効果と経済の先行きに強い自信を誇示する、というスタイルに特色があった。その自信のあらわれとして、「すべて想定どおりに展開している」「金融政策は所期の効果を発揮している」「二％の目標達成に必要であれば躊躇なく政策を調整する」という決まり文句を繰り返し使い、インフレに向けて市場を勇気づけようとした。ただ、その強気な発言に具体的な裏付けを与えることはほぼなかったから、発言と実情との乖離がどんどん拡大していくことで、これらの発言は市場心理を操作するためという認識が次第に市場参加者に刷り込まれ、常套句への信頼は失われていった。

二〇一六年一月のマイナス金利政策導入までの黒田総裁の金融政策運営のもう一つの顕著な特徴は、市場参加者の予期していないサプライズ的な政策変更で市場参加者に心理的衝撃を与え、日銀を畏怖させ、その意図に追随させようとした点にある。

特に、二〇一六年一月のマイナス金利政策の導入では、国会などで「(マイナス金利政策を)検討してもいないし、考えが変わることもない」と明確に否定した直後にマイナス金利政策を導入し「これまでの中央銀行の歴史のなかで、おそらく最も強力な枠組み」と述べた。

これはメインストリームの経済学の思想とは異なる古風な政策運営スタイルである。元号が昭和であったころには、「公定歩合操作については嘘をついてもよい」とされており、それが常識だったからだ。その方が、株価や為替相場などが政策変更直後に大きく動き、あたかも政策効果が大きいものであるようにみえる。しかし、メインストリームの経済学では、サプライズは市場の乱高下という攪乱的な影響をもたらすに過ぎない、と戒める。独立性の高い中央銀行は、国民や市場に正確な情報をもとに説明を尽くし、金融政策の予見可能性を高めることで将来のインフレ予想などを安定的に変化させることが大切、というのが主要中央銀行やウッドフォードらメインストリームの経済学者の考え方である。米国議会では連邦準備制度に対して金融政策運営ルールの公表を義務づけさせ、予見可能性をさらに高めようという動きすらある。とはいえ、サプライズ的政策による心理的衝撃は、マイナス金利政策の導入までは一般市民にはほぼ関係ない世界だった。

しかし、マイナス金利政策のサプライズは市場心理を超えて一般市民にまで及ぶ拒絶反応を引き起こした。まず、銀行収益への懸念から銀行株が急落したが、その後、ただちにメガバンクがベア凍結を発表するなど、賃上げ全般にとっても、大きなマイナスとして作用し始めた。さらに、預金にもマイナス金利が課せられる、という不安から金庫が急に売れ始めていると報道されるなど、国民の不安が高まったとみられる反応が続いた。

「金融緩和」には、長期的には成長率を高めることにはつながらない安定化政策だが、それにもかかわらず非常にポジティブな響きがある。それも当然で、「緩和」という言葉を辞書で引いてみると、

【緩和】ひどい状態や厳しさが治まって、今までより楽な状態になること。

とされている。それと金融を結びつけると、金融緩和と言うだけで、金融面から経済を下支えし押し上げる、経済や国民にとって優しい政策というフレーミングになる。しかし、マイナス金利政策は、金融緩和強化の位置づけながら、国民心理を凍りつかせた。

この点については、日銀は反省しているようにみえる。それは、マイナス金利政策導入後ほどなく掲載された日銀ホームページの「5分で読めるマイナス金利」という広報コラム(二〇一六年三月二五日作成)における次の部分からもみてとれる。

- 話を聞くとわかったような気もするけれど、「マイナス金利」と聞いて不安になってしまったんだよね。
- 「マイナス」という言葉の響きも悪かったかもしれません。

なお、マイナス金利政策導入が大きく躓いた後、黒田総裁はサプライズ路線を封印している。

物価上昇につながるフレーミングとナッジ

二%の達成を目指す「期待への働きかけ」は、心理的には、どのように補強できる可能性があったのだろうか。オーソドックスな方法は、前述のように将来の賃金・所得についてのポジティブなストーリーを提示することだ。家計が納得できるポジティブなフレーミングを提示するには、政府が前面に出ることが必要になる。この点で、前記のように安倍首相が、「政労使会議」の初会合で経済界や労働界のトップに賃上げや雇用拡大への協力を求めたのは注目に値するが、安倍首相は基本的には物価目標達成は日銀の責任という姿勢を強く打ち出し日銀によるデフレ脱却を賃金上昇等の好循環につなげようとしていた。このため「政労使会議」の初会合が開催されたのは、異次元緩和の開始からすでに約半年過ぎてからのことだった。他方、物価上昇につなげうるような直接的なナッジを検討する余地はあったと思われる。第2章でプライミング効果について述べた。例えば、選挙の前日に、投票するつもりかアンケートをすることで投票する確率を大きく高める、といった手法である。この手法を応用するなら、中小、零細企業を含め広範に、賃上げ・値上げをするつもりがあるか、について大規模なアンケートを行うことが考えられる。日銀は全国短期経済観測などで、限られた企業にサンプル調査をしているが、プライミング効果を目指すアンケートの目的はサンプル調査ではなく、対象への働きかけなので、政府・日銀が可能な限り悉皆的に、中小零細企業にまでアンケートをする、ということは検討の余地があっただろう。

ピーターパンは飛ばなかった

いずれにせよ、異次元緩和による「インフレ期待への働きかけ」という実験は空振りに終わった。

黒田総裁は、「期待への働きかけ」による二%インフレ目標早期達成への希望をなかなか捨てようとはしなかった。そのことは、二〇一五年六月四日の黒田総裁講演における「皆様が、子供のころから親しんできたピーターパンの物語に、「飛べるかどうかを疑った瞬間に永遠に飛べなくなってしまう(The moment you doubt whether you can fly, you cease forever to be able to do it)」という言葉があります。大切なことは、前向きな姿勢と確信です」という結びの言葉からもうかがえる。

しかし、物価上昇への足掛かりがその後も得られないまま、二%の物価目標の達成時期や早期実現を目指す文言は、政府・日本銀行の公式文書から次第に消えていく。達成時期の見通しは、六度先送りされ、二〇一八年七月には「一九年度ごろ」とされていたが、二〇一九年に黒田総裁が再任されて以降、さらなる先送りが避けられない情勢のもとで、達成時期の明示は中止された。

第6章　物価安定と無関心

1　物価安定のあるべき姿とその達成手段

二〇二一年四月、日銀は二〇二三年度の物価上昇率が前年度比一・〇%にとどまるとの見通しを発表した。黒田総裁は記者会見でインフレ目標について「何としても達成するのが日銀としての使命で、最大限の努力をする」と強調したが、メディアは、「市場では黒田日銀が一〇年かけても達成できない目標の妥当性に疑念も強まっている」(時事通信)、などと報道した。

国民の共感を得ることが難しくても、消費者物価指数でみたインフレを二%とすることが経済にとって本当に重要でその手段があるなら、邁進する意味はあるはずだ。しかし、その重要性を主張するロジックがもし破綻しているなら、二%目標達成を標榜し続けることは「腰まで泥まみれ」になってもなお前進せよ、という不毛な号令に過ぎないことになる。二%目標へのこだわりは正当化できるのだろうか。この章ではこの点を検証しておきたい。

インフレ目標を二%とする理由

すでにふれたように、黒田総裁は、二〇一三年に異次元緩和を始める際、「物価の安定」を消費者物価指数の前年比で数値的に定義すると「二%」であるとし、その理由として、消費者物価指数の上方バイアス、金融緩和の「のり代」確保、「二%」の物価上昇率を目標とすることはグローバル・スタンダード、の三点を挙げ二年以内にこの目標を達成することに全力を傾けることを表明した。

その約八年後、通算一〇年の在任期間中に二%の物価目標達成がほぼ絶望的になった二〇二一年五月一九日の講演でも、「二%の「物価安定の目標」が重要であることは論を俟ちません。第一に物価指数が真の物価動向に比べて高めになりやすいという上方バイアスがあること、第二に景気の落ち込みに対して金利引き下げによる政策対応余地を確保しておくことが有用であること、そして第三に「二%目標」がグローバルなスタンダードになっていることが理由です。世界の主要な中央銀行が共通の目標を掲げることにより、為替相場を含む国際金融市場の安定がもたらされ、ひいては世界経済の安定にも資すると考えられます」と、就任時と同一の理由と為替相場の安定を挙げて二%の「物価安定の目標」の重要性を強調している。

金融政策の「のり代」を巡る議論の変化

そこで、メインストリームの経済学の理屈で考えた場合、どのようにインフレ目標を設定するのが望ましいのかを黒田総裁の三点セットに即して検討しよう。①の計測誤差を巡る問題については グリーンスパンの物価安定の定義を説明した際に消費者物価指数の測定がなぜ困難になってきたか、という観点から説明したので、ここではそれ以上深入りせず、②「のり代」、③グローバル・スタンダードからみた二%目標の適切さ、を再検討する。

金融政策の「のり代」とは、景気が悪化した場合に、金利を十分大きく下げる余地を指す。金利には上限がないが、ゼロ近辺に下限がある。下限がある金利を大きく下げられるようにしておくことで、景気悪化を食い止める余地ができる、という考え方である。

すでにふれたように、中央銀行が操作する名目短期金利は、実質金利と予想インフレ率を足したものである。人々が(二%のインフレ目標にみあった)二%程度のインフレを予想し、実質金利(自然利子率)が米国の場合のように二〜三%あれば、平時の名目金利は四〜五%になっているはずだ。

この状態で経済が何らかの景気後退ショックに見舞われた、とする。中央銀行は、急な景気悪化に対応して、金利を平時の水準である四〜五%から、〇%近辺まで一気に下げることで、金利に反応する住宅投資や設備投資を十分大きく前倒しすることができる。

もし、四〜五％よりも大幅な金利引き下げを必要とするようなより急激な景気悪化がめったに起きなければ、平時には二％のインフレのもとで、これに見合う四〜五％の短期金利を実現しておけばよい、ということになる。

こうした議論が有力だった一九九〇年代から二〇〇〇年代初頭にかけては、インフレ目標政策を採用する国の数が拡大していく一方、欧米経済は史上まれにみる「大いなる安定（グレートモデレーション）」を達成していた（日本経済は特殊な例外だろう、とみなされていた）。米国経済は実質経済成長率でみても、物価上昇率でみても、著しく安定性が向上し、次第にこれが、稀代の名議長であるグリーンスパンを擁した連邦準備制度がメインストリームの経済学の成果を取り入れつつ絶妙な金融政策運営を行っていたことが大きく寄与しているからだ、と考えられるようになっていった。

しかし、二〇〇八年の国際金融危機とその後のグレートリセッションは、メインストリームの経済学者や欧米中央銀行の慢心を打ち砕く。先進地域の主要中央銀行は、国際金融危機後の大きな景気後退を金融政策で相殺しきれなかった。欧米でも日本同様、金利の下限にぶつかってしまったのだ。

この経験を踏まえ、こうした景気悪化ショックは頻発するのではないか、むしろ「大いなる安定」は例外的な現象だったのではないか、それなら二％程度のインフレ目標では、頻繁に金利が下限とぶつかってしまい、のり代としては不十分ではないか、という議論が勢いを増していく。

インフレ目標引き上げ論の高まり

二〇一〇年二月、まず、すでにＩＭＦの調査局長だったブランシャールが、ＩＭＦスタッフとの共著論文のなかで、今回の危機では、金融セクターが発生源だったが、将来、金融セクター以外の場所も発生源になる可能性があることを指摘した。そして、パンデミックの発生による貿易や観光への直撃や経済の心臓部に対する大規模なテロ攻撃などの可能性を挙げ、そうである以上、政策立案者は、金融政策がそのようなショックに対応する余地を増やすために、平時から四％程度の、より高い目標インフレ率を目指すべきではないか、と具体的に問題提起した（二〇一〇年時点で、将来パンデミックが経済を直撃する可能性にふれたブランシャールの懸念は、二〇二〇年に現実のものとなった）。

ブランシャールがインフレ目標を四％に引き上げることを提言してから七年後の二〇一七年六月八日、ノーベル経済学賞受賞者のジョセフ・スティグリッツやミネアポリス連銀前総裁のナラヤナ・コチェラコタなど約三〇人の著名経済学者が、FRBのジャネット・イエレン議長および他のFRBのメンバーに対し、二%のインフレ目標を再考するよう促すオープンレターを公表した。

その翌日、オープンレターの署名メンバーのひとりであるジョシュ・バイベン（エコノミック・ポリシー・インスティテュートのディレクター）が、インフレ目標を引き上げるべき理由をより詳しく説明する論文を公表している。そのサマリーの冒頭を一部抜粋してみよう。

二〇一七年末でグレートリセッションがはじまってから一〇年が経過する。それが米国の家庭に与えた恐ろしい損害を、政策立案者が将来の経済危機をどのように回避し管理すべきかについて深く考えるきっかけにすべきである。マクロ経済安定化政策（経済成長を維持し、物価水準および失業率を安定させるための一連の政策）については、聖域に近いと思われたものでさえ厳格な再評価の対象とすべきである。この観点から、連邦準備制度が長期的なマクロ経済政策目標としている非常に低いインフレ率（年率二%のインフレ率）は、過去二〇年間の経験に照らして再評価されるべきである。

……過去一五年間に、ほぼすべての先進国が、短期金利がゼロの状態で不況に直面しており、そうした状態に再びさらされそうである。一九九〇年代以降、短期金利がゼロになり、それ以上の利下げが不可能になる状態は、教科書的な好奇心から、現存する明白な危険へと変化した。近年、いくつかの先進国ではＺＬＢ（引用者注、Zero Lower Bound「ゼロという下限」。厳密には、ゼロでなく若干のマイナス金利までは実現可能なことから次第にELB: Effective Lower Bound「実効下限」という言葉が用いられることが多くなっている）が長期化しており、ＺＬＢの状態はかつて考えられていたほどまれでもなければ、短命でもない、という研究結果が多く示されている。

……ＺＬＢに直面する可能性を高める経済的要因は、将来的に逆転するとは思われないものだ。これらの要因には、格差の拡大、人口高齢化、世界的な貯蓄過剰が含まれる。このため、政策立案者は、ＺＬＢに直面する確率が高いことを政策立案に組み込むことが不可欠だ。次の景気後退に突入するときには、実質短期金利を引き下げる余地を残しておく必要がある。インフレ目標を高くすれば、その余地が生まれる。将来的にＺＬＢに到達する可能性が高まることを考えると、政策立案者は、現在の連邦準備制度の目標よりも高いインフレ率を達成する必要がある。より高いインフレ率で将来のＺＬＢのエピソードを乗り切ることは、短期金利の引き下げにより、景気後退を短縮し、回復を支援するための牽引力を与えるだろう。

現在の低すぎるインフレ目標は、グレートリセッションを抜け出すのに必要な牽引力を提供しなかった。

インフレ目標引き上げ論へのイエレン議長とバーナンキ元議長の反応

エコノミストのオープンレターが公表された六日後の六月一四日、イエレン議長の記者会見があった。記者のひとりはイエレンに「今月初めにエコノミスト・グループがFRBに書簡を送った。二％のインフレ目標への反対を表明し、経済の体温をより上げるべきだ、と主張している。……あなたは二％の目標にコミットしている、と言ったが、彼らにはどう答えるのか？」と質問した。

これに対し、イエレン議長は、現状、二％のインフレ目標が達成されていないので、とりあえずその達成に全力を尽くす、とした。そのうえで、私たちは多くのことを学んだ。景気中立的なフェデラル・ファンド・レートの現在および将来の水準は、二〇一二年以前の水準よりもかなり低くなっている。つまり、経済は、政策がZLBによって制約される可能性があるということを意味する。二％という目標を採用したときよりも頻繁に政策が制約される可能性がある、ということだ。これこそが、人々がインフレ目標を高く設定したほうがよいと考えるようになっている理由であり、重要な傾向だ、と、オープンレターの主張を肯定的になぞり、さらに研究を深める必要があること、コスト・ベネフィットを比較較量する必要があることに言及したうえで、目標インフレ率引き上げの可能性に含みを残した。

しかし、目標インフレ率引き上げの議論は、主要中央銀行幹部の間で高まることはなかった。共通する最大の理由は、主要国のインフレ率が二％を下回り続け、中央銀行がさまざまな緩和策を展開しても二％のインフレ目標が達成できるメドが立たない状況のもとで、それを上回る高めのインフレ目標を掲げることの非現実性にあった。さらに、二％の目標を引き上げることで中央銀行の物価安定への信頼が失われ予想インフレ率が不安定化する、という可能性や、金融緩和の行き過ぎでバブルが発生するなど金融システムが不安定化するリスクがある、という懸念が挙げられることも多かった。

国により「のり代」は異なる

二〇二〇年一月、連邦準備制度が二％のインフレ目標を導入した当時のFRB議長だったバーナンキは、米国経済学会会長として「金融政策の新しいツール」と題した講演を行った。この講演でバーナンキは、各々の国の状況や歴史的状況により、適切なインフレ目標の数字が異なる可能性があることを強く示唆した。

バーナンキの主張は、以下のようなものだ。連邦準備制度やその他の先進国中央銀行が短期金利の引き下げの限界に達してしまったあと、短期金利の誘導という伝統的な金融政策の限界を克服するために新しい政策ツールを導入した。連邦準備制度が使用している主要な追加的ツール（量的緩和とフォワードガイダンス）の効果を試算すると、約三％の短期金利の追加的な引き下げに相当する金融緩和効果をもたらす。米国の場合は、たぶん、それで今後も危機時に必要な緩和効果が十分得られるのではないか。だからインフレ目標を引き上げなくてもよい可能性が高い、と言う。

しかし、欧州や日本は、自然利子率と期待インフレ率の和が、米国よりはるかに低いかもしれない。この場合、金利に下限があることの影響を克服するには、インフレ目標の引き上げや、経済安定化のための財政政策の活用が必要になる可能性がある、と述べた。つまり、これらの国についてはインフレ目標の引き上げも排除すべきでない、というのである。

「グローバル・スタンダード」という片思い

この議論は、グローバル・スタンダード論の足場を突き崩すものになっている。

黒田総裁は、のり代論からみてもグローバル・スタンダードからみても二%目標を達成する必要がある、と論じている。

しかし、バーナンキは、各国にとっておのおの必要な金融政策の「のり代」があり、それは各国の状況によって異なる、とする。だから、インフレ目標は異なってよいが米国はたぶん二%のままでよい。このロジックは二%のインフレ目標がグローバル・スタンダードという主張とは相容れない。

バーナンキ講演を読む限り、グローバル・スタンダードの枠組みは、日米経済摩擦当時の国際協調と同様、日本サイドの願望的な思い入れに過ぎないようにみえる。思い入れの背景には、プラザ合意以降に日本に一段と定着した円高恐怖症がある。それがグローバル・スタンダードを建前とするフレーミングの背後にあり、その思いが「世界の主要な中央銀行が共通の目標を掲げることにより、為替相場を含む国際金融市場の安定がもたらされ、ひいては世界経済の安定にも資すると考えられます」という黒田総裁の二〇二一年五月一九日の講演に添えられた一言に込められている。

確かに、物価が長期的な為替相場の水準を決める、という理論に購買力平価説というものがある(現実説明力は極めて低いが)。しかし、仮にそれが成り立つとしても、一年間で一%の日米のインフレ率の違いは、一年で一円程度の円ドル相場の差をもたらすだけで、誤差の範囲に過ぎない。また、バーナンキに限らず、「二%という共通のインフレ目標が為替相場の安定に資するから、グローバル・スタンダードとして各国が尊重すべき」、という発想がメインストリームの経済学者や米国サイドにあるとは思われない。現在、主要先進国が採用している国際通貨制度は固定相場制でなく変動相場制である。その理論的背景には、自由な資本移動と各国の国内事情に応じた独立の金融政策運営を両立させるには、為替相場の自由な変動を容認する必要がある、という国際経済学の基本原理があるからだ。

「のり代」はいつ作るのか

ところで、二%のインフレ目標が「のり代」として機能するには、その段階で名目金利が数%になり、次の景気後退において大きく下げる余地がある、という状況が作り出されている必要がある。異次元緩和をはじめた二〇一三年四月には、二年で二%のインフレ目標が達成できる、という想定だった。その後、次の大規模な景気後退までに二%のインフレに見合う短期金利を実現し、金融緩和の「のり代」を作るのだ、という形で「のり代論」を主張することはそれが現実的かどうかは別として論理的には可能だっただろう。

しかし、二〇二一年現在まで、インフレ目標が達成できるメドが立つことが一度もないまま「のり代」を作るために「粘り強く金融緩和を続ける」、つまり金利の引き上げを可能な限り遅らせる、としている。この政策を続けている間に、新型コロナの感染拡大という大きなショックにも見舞われた。

そこには、景気拡大期に金利を十分に上げ「のり代」を回復しておき次の景気後退期に備える、という「大いなる安定」期の欧米の「のり代」論とかけ離れた金融政策の姿がある。日銀が一〇年近く、全く同じ主張を繰り返している間に、金融政策を巡る環境は激変し、必要なのり代の大きさについての議論も大きく変化しているのである。

「物価への無関心」を障害と考えるのは本末転倒

二％のインフレ目標にこだわらないとすれば、物価安定についてどう考えたらよいのか。

一般の人々にとっては、物価の変化を考慮しないですむという無関心状態＝物価安定、というグリーンスパンの考え方が最も自然に感じられるのではないだろうか。すでにふれたように、トイレットペーパーなどの生活必需品が買えるかどうかや、取引先銀行の経営に関心を持たなくてよい状態、心臓の鼓動の規則性や胃の痛みなどに神経を集中しなくてよい状態こそが健康で安定的な状態だからだ。正常性バイアスが破れ、神経を集中せざるを得ない状態は人々にとって、緊張を強いるおおむね快適でない状態だ。人々がインフレ率の変化に敏感に反応せざるを得ない状態が望ましいはずはないだろう。

このグリーンスパンの考える物価安定をメインストリームの経済学に組み込もうとするとどうなるのだろうか。さきに引用したＦＲＢのエコノミストたちの論文(Pfajfar and Roberts (2018))に、その一つの試みがみられる。

彼らは、論文のなかで、米国のインフレ率が需給ギャップ——需要超過状態ないし供給超過状態——にあまり反応しなくなっている理由を探っている。その考えられる理由の一つとして、「企業と家計が過去よりもマクロ経済状況にあまり注意を払っていない」という点を挙げている。これは、人々の情報処理能力には限界があり、重要性が低いと判断される情報は合理的判断の結果として切り捨てる、という「合理的無関心」による可能性がある、という。

彼らは、「グリーンスパンの物価安定の定義」を引用し、グリーンスパンは、インフレ率の低下で企業や家庭が経済的決定を行う際にインフレに注意を払う必要性が少なくなるという希望を表明した、これは「合理的な無関心」の仮説と精神的に似ている、と述べ、それがインフレ率の数値目標達成にどのような影響を与えるかを分析している。

しかし、この議論は本末転倒のリスクをはらむ。グリーンスパンは「無関心状態」こそ物価安定と定義した。これに対し、数値目標達成を物価安定と定義するメインストリームの経済学の理論構造では、多くの人々が物価に(合理的)無関心であるために、目標であるインフレ率の達成が影響を受ける、というロジックになる。グリーンスパンが物価安定のあるべき姿とした「無関心状態」は、目標とすべき状態から、中央銀行の「数値目標達成による物価安定」を阻害する要因としての否定的な位置づけに転落してしまう。

日銀が二〇二一年三月に行った「より効果的で持続的な金融緩和を実施していくための点検」の背景説明も、合理的無関心に言及している。全体の約二割の企業しか「完全情報下の合理的期待」に従っていないとの推計結果を踏まえ、「物価が上がりにくいことを前提とした人々の考え方や慣行の転換には時間がかかる、といえる」として、インフレの数値目標達成が遅々として進まない阻害要因として「無関心」を否定的に捉え、目標達成にはその転換が必要、と位置づけている。このように、二%のインフレ目標達成のために、人々に物価への無関心を捨てさせようとする日銀の議論は、本末転倒してしまっている、と言わざるを得ない。

2　ニューノーマルを超えて

ここまでの議論を総括したい。人々が希求する物価安定の本質は、グリーンスパンが定義するように、インフレ率に関心を持たなくてよい状態だ。二％というインフレ目標には、そうした本質的な意味はない。

もし、別途、何らかの理由で二％のインフレ率達成が日本経済にとって不可欠なら（その理由は黒田総裁の三点セットにはないが）、そのための手段は、物価安定の正常性バイアスを壊さないこと、国民にとっても望ましいインフレであるというポジティブなフレーミングが説得力を持って作れること、の二点が必要であるはずだ。換言すれば、①正常性バイアスを壊さない方法で物価のアンカーをゼロ近辺から二％近辺に押し上げる、②物価上昇に対する忌避感を緩和するため物価上昇が実質所得の減少につながらないことが目に見えるフレーミングを作る、ということになるだろう。

正常性バイアスを壊さずインフレ率を上げることはできるか

それは可能だろうか。

デフレ脱却が本当に最優先の課題なら、原理的には容易である。マイルドなデフレが日本固有の問題と考えられていた二〇〇〇年代前半に、欧米の経済学者から「日本へのアドバイス」として玉石混交のデフレ脱却政策が提案されてきた。

そのなかで筆者が注目し何度か紹介したのは、国際政策協調に強く反対した米国経済学界の重鎮、マーティン・フェルドスタインが提案した、消費税の連続的な引き上げと減税を結びつける案だった。

フェルドスタインは、いくつかこれに関連した論考を発表しているが、例えば、二〇〇二年のカンザス連銀コンファランスでは、日本がデフレから脱却する方法の一つとして、消費税が二〇％に到達するまで、毎四半期一％ずつ引き上げることを提言している。その際、フェルドスタインは、同時に所得税の減税を行い、消費税増税が税収に与える影響を中立的にし、課税強化を避けることを提案した。

この提言当時のフェルドスタインの関心は、消費税増税を使って、インフレが起きることを消費者に予想させる点にあった。確かに消費税増税は家計にわかりやすい形で物価を上げるから、その小幅で連続的な引き上げでインフレ予想を作り出すことができるはずだ。ちなみに、日銀は黒田総裁以前には、消費税引き上げを物価上昇から除いた物価指数を目標として使用していたが、黒田総裁時代になってから、消費税引き上げを控除しない物価指数を使うようになったから、消費者物価指数の上昇も主張できる。

例えば、消費税率引き上げ分をすべて現金給付にあてれば、物価上昇による実質所得減少は回避できる。頭割りで全額現金給付すれば、低所得層にとって有利になる。ただし、物価に関する正常性バイアスを壊さずに微調整していく、という観点では毎四半期一％ずつの消費税引き上げは急角度すぎ、持続性にも欠ける。もっとマイルドに長期間引き上げる方が望ましいだろう。

格差是正には好ましい影響があるが、あとはほぼニュートラル、インフレ率と予想インフレ率だけがマイルドに上がる、という提案である。しかし、この提案は政府を含め、日本国内で関心を集めることはなかった。政府なかんずく財政当局は、デフレ脱却のためだけに消費税と減税を組み合わせて大規模に使う提案には全く魅力を感じなかった、ということになる。この提案に対する政府(財務省)の実感を忖度すれば、論語にある「牛刀をもって鶏を割く」、ということだったろう。小さな鶏をさばくのに牛を切る大きな包丁を用いるように、マイルドなデフレからの脱却のためだけに消費税のような重要な手段を大規模に使うのはとんでもない、というのが財政当局の感覚だろう。インフレは日銀の責任としておく方が政府にとっては都合がよいし、政府が本気でデフレ脱却に最も高い優先度を与えてきたとは思えない。実際、高校授業料無償化、携帯料金引き下げ、公務員給与抑制、といった動きは当然、国民には好感されるが、消費者物価指数でみた「デフレ脱却」には逆行する。

コロナ禍での財政政策の復権とその金融政策への影響

フェルドスタインの提案とほぼ同じころ(二〇〇三年)、まだFRB理事だったバーナンキが、日本金融学会で講演した際に持ち出したのが、日銀の国債購入を原資とした大規模な減税(マネタイゼーション)という提案である。この講演で、バーナンキは、当時すでに深刻だった日本の財政状況にも言及し、インフレ目標でなく「物価水準」目標を提言している(インフレ目標と物価水準目標の違いについては付録を見てほしい)。

二〇二一年時点では、ボトルネックの発生や原油価格上昇のインフレ効果に関心が集まっているが、マクロ経済政策的なインフレ加速の可能性は、好むと好まざるとにかかわらず拡張的財政政策のメカニズムによるものだ。新型コロナの感染拡大により世界の主要都市が封鎖され、多くの国で職を失った市民の困窮が懸念された。その結果として、各国政府は市民の生活を支えるため、爆発的な財政支出拡大に踏み込んだ。コロナ禍は、近年、メインストリームの経済学が前提としてきた金融政策をマクロ経済安定化政策の主役とするドグマを吹き飛ばした。

特に米国では、二〇二一年一月にバイデン政権が誕生し、三月には米国のＧＤＰの約一〇％に当たる１・９兆ドル（約２００兆円）規模の新型コロナウイルス経済対策法案が成立、バイデン大統領はホワイトハウスで「米国救済計画」と名付けた新対策に署名した。新対策は一人当たり最大１４００ドルになる家計への現金給付が柱で、失業給付の特例加算も延長した。ワクチンの接種や検査の拡大に必要な予算に加え、飲食店や航空などの企業支援のほか、コロナ対策の実務を担う州・地方政府への財政支援も織り込まれた。

政府が記録的な財政赤字を計上しつつ家計や企業に直接現金を注ぎ込む、という財政政策は経済政策の主役になった。この新しい枠組みの下で、米国の景気は急回復し、二〇二一年四月には消費者物価指数が前月比〇・八％上昇（前年比四・二％上昇）、変動の激しい食品・エネルギーを除いたコア指数でみても前月比〇・九％上昇と、一九八二年以来の大幅な伸びを記録した。

こうしたなかで、バイデン大統領の支持者であり、これまで財政政策の発動を主張してきたローレンス・サマーズ元財務長官が、財政の行き過ぎによるインフレへの警鐘を鳴らし始めたことは、多くの識者を驚かせた。サマーズは二〇二一年五月二八日に公開されたインタビューのなかで、米国の財政政策について「現在の政策変更の大きさは、二%未満からわずか数年で五%を上回る域まで行った一九六六〜六九年のインフレを誘発した政策変更の大きさよりも大きい」と述べ「インフレの面でかなり大きなリスクをおかしている」と述べている。

金利が下限に到達した段階で需要喚起力の限界に直面する金融政策と異なり、財政政策ならインフレ率を上げられるだろう、ということは、以前から知られていたことだった。コロナ禍の米国はその可能性を改めて示した。そのことは、近年のMMT（現代金融理論）への関心の高まりと相まって経済安定化政策における財政政策の役割を、一九八〇年代以前のケインズ経済学全盛期に押し戻す可能性も秘めている。そのなかで、中央銀行の役割として財政ファイナンスに、より注目が集まることは避けられない。

正常性バイアスからみた物価の財政理論

財政への関心との関連で、いわゆる「物価の財政理論」に少しふれておこう。「物価の財政理論」では、メインストリームの経済学の緻密な論理構造のもとでエコンである人々の確率的期待値が物価決定に重要な役割を果たすからだ。

二〇一六年一一月一五日付の『日本経済新聞』で、アベノミクスの理論的支柱とされていた浜田宏一・内閣官房参与が「私がかつて「デフレは(通貨供給量の少なさに起因する)マネタリーな現象だ」と主張していたのは事実で、学者として以前言っていたことと考えが変わったことは認めなければならない」と発言して大きな反響を呼んだ。浜田氏は、この変心の理由について「クリストファー・シムズ米プリンストン大教授が八月のジャクソンホール会議で発表した論文を紹介され、目からウロコが落ちた」と説明しており、これ以降、「シムズ理論」は大きな脚光を浴びた。

シムズ理論(シムズ自身は、自分はこの理論の創始者ではないとしている)とされている「物価水準の財政理論」は、必ずしも新しい議論ではない。日本でも、二〇〇〇年代初めにはすでに注目されており、金融緩和とインフレの結びつきが希薄化するなかで関心を呼んできた。

シムズは、二〇一五年八月のインタビューのなかで、この理論の骨子について、「政府債務を物価水準で割った実質価値」が「政府のプライマリーバランス(政府の歳入から歳出(国債の利払いを除く)を差し引いた財政収支)」の割引現在価値と(均衡では)一致しなければならない、というものだ、と説明している。企業金融で企業の株価が将来の予想配当の割引現在価値と一致しなければならないのとロジックは同じだ、と言う。つまり将来の予想配当が下がることで投資家をがっかりさせた企業の株価が下がるように、政府が歳出に比べて歳入を増やすと予想されると、国民は国の債務の実質価値は減らす必要がない、と判断して物価が上がらなくなる、と考えるのである。

シムズは、浜田氏に衝撃を与えたという二〇一六年八月のジャクソンホールのスピーチで、日本についてふれ、インフレ目標が達成される前に消費税を引き上げた（財政収支を好転させた）ことがデフレ脱却を妨げたのではないか、と推測している。この場合、消費税引き上げのデフレ脱却への悪影響は、通常のケインズ経済学のロジック――増税による可処分所得の減少が消費を抑え需要を減らす――とは全く異なる。

しかし、このロジックは大きな説得力をもちそうにない。市場関係者や一般の人々は財政収支に「無関心」だからだ。

実際、インフレ率・金利とも永遠にゼロという一部の市場関係者のイメージや異次元緩和が、財政危機シグナルを消していることもあり、財政危機への懸念は高まっていない。言い換えれば、現状、政府債務についても正常性バイアスは強く働いている。そうした状況の下で、物価の財政理論のロジックに沿って人々が財政収支を注視していることが物価を動かす、というエコンのストーリーは非現実的に思われる。

日本では「粘り強い金融緩和」が標榜され続けるなかで、ゼロ金利をニューノーマルとみなす論者がふえているように思える。政府債務比率がいくら途方もない高さになってもゼロ金利なら利払いは増えない。そうした状況の下で、経済界も国民一般も、財政状況についてもインフレ同様、無関心で、さらに債務が積み上がっても、しばらくは正常性バイアスが働くはずである(ドーンブッシュの法則を思い出してほしい)。このため、財政収支の予測と物価を直結させる「物価の財政理論」のメカニズムによる物価上昇も起きそうにない。

しかし、このことは、物価の財政理論というエコンのロジックによるインフレ醸成が荒唐無稽ということではない。物価の財政理論のロジックがインフレの起爆剤になるとすれば、それは財政が危機的な状況にあり、政府は、それでも財政規律を緩めようとしているという危機感を人々が感じたときである。財政状況に無関心な市場関係者や市民の正常性バイアスが壊れるからだ。

人々の危機感を「程よく」操作することは難しい。正常性バイアスを破壊するような「財政収支への関心」を煽れば、無関心からパニックにジャンプする可能性が高く、財政状況への危機感を高めることで物価が上がるとすれば、グリーンスパンの物価安定の定義と真逆の事態になるはずだ。無関心という「物価が上がりにくいことを前提とした人々の考え方や慣行」が転換されると、正常性バイアスは連鎖的に破れ、エコンの論理が貫徹する世界に移行する可能性がある。その場合にはエコン化が起こすパニックの制御、という別の問題が生じるはずである。

財政インフレとインフレ目標

物価の財政理論の話はこのくらいにして、拡張的な財政政策による需要超過型のインフレの影響に話を戻そう。この現象がどこまで持続性をもつかによって、それをどこまで容認すべきか、ということが改めて重要な論点になりうる。

仮に、米国で財政拡張が持続的なインフレの再来を伴う、ということが明確になれば、金融政策におけるインフレ目標の「のり代」の議論に大きな影響を与える可能性が高い。

二〇一七年六月のスティグリッツらのインフレ目標引き上げ提言の延長線上の議論として、金融政策では高めることのできなかったインフレ率を財政政策で高めてもらい、それに合わせて、インフレ目標を高めたあとでブレーキを踏む、という提案が現実味を帯びる。メインストリームの経済学者のなかには再び熱心にインフレ目標引き上げを提言する人も増えるかもしれない。米国の現実と議論がどのように展開し、どのようなフレーミングで日本に伝播してくるのかは、日本における今後のマクロ経済論議に極めて重要な意味をもつはずである。

あとがき

あとがきのスペースを借りて、本書に関連する個人的な思いをいくつか書いておきたい。

筆者は一九八三年にメインストリームの経済学のメッカであるシカゴ大学経済学部の大学院を卒業した。学位(Ph. D.)論文では、バブルを取り上げた。自己実現的予言という現象に魅了されたからだった。

指導教官はマイケル・ムッサ教授で、のちにＩＭＦの調査局長も務め、現実感覚も豊富な人だった。しかし、それでも、ロバート・ルーカスが合理的期待をマクロ経済学に導入し、マクロ経済学に革命を起こしつつあった当時のシカゴ大学で、よくこのテーマでの論文執筆を許可してくれた、と思う。筆者の卒業論文は、合理的期待を前提とした資産価格決定モデルに組み込めるバブル(合理的バブル)について分析しており、メインストリームの経済学の枠内になんとか留まっていたはずだが、今にして思えば却下されてもおかしくなかった。却下されずに済んだのは、筆者が日銀から派遣されており、ムッサ教授が筆者の就職活動を懸念する必要がなかったことが大きかった、と思う。

帰国後、オランダのチューリップ熱や英国の南海泡沫事件、大恐慌などバブルの歴史的なエピソードについての章や、バブルの背後にあるはずの群集心理についての章を加えて『期待と投機の経済分析――「バブル」現象と為替レート』という本を出した。一九八五年の夏のことだった。念のために言うと、当時の関心は自己実現的予言現象にあり、八〇年代後半のバブルとその崩壊という時事的問題を予見する先見性があったわけでは全くない。実際、本が出版された一九八五年の日本は、プラザ合意による急激な円高で物価は下がり、熱気に満ちたバブル期とは対極の冷え込みに見舞われていた。

振り返ってみて、合理的期待を強く刷り込まれていたシカゴ大学の学生だったころは、合理性を前提にバブルを分析することに違和感はなかった。だが、日本に帰国してから本を執筆しはじめ歴史的なエピソードなどに多くふれると、どう考えてもバブルには合理的バブルだけでは語り尽くせない要素が極めて大きい、と改めて感じるようになった。このような場合に、どのようなアプローチを採るのがよいのだろうか。当時は、十分な手掛かりがなく、非常なもどかしさを感じた。この頃ダニエル・カーネマン、エイモス・トベルスキーといった心理学者たちは、行動経済学の構築に向けて踏み出しはじめていた。彼らの研究は、当時、全く知らなかったが、仮に知っていても、この時点ではその萌芽的な成果との関連性は低く、十分活かすことはできなかっただろう。結局、上記の本では歴史的経験に加え、群集心理学の知見などを引用して心理的側面の重要性に言及しているが、不十分であることは明らかだった。

ところで、筆者がかつて研究した合理的バブルの考え方について、吉川洋氏は文献案内に挙げた吉川(2020)のなかで、以下のように辛辣にコメントしている。

「合理的バブル」のモデルは、あれこれ考えてもあまり大きな進歩は期待できないということが分かる。

結局、従来の経済学における根本的な問題は、「事前」(*ex ante*)の「合理性」へあまりに拘泥しすぎているところにある。というのも、マクロ経済が甚大な被害を受けるのは、資産価格の大変動、とりわけ価格の暴落によるのであり、大暴落が起きる前の価格形成が「合理的」であるか否かは二義的だからである。

こうした吉川氏の指摘には、シカゴで合理的バブルについての論文を書いていた当時の筆者であれば、かなり反発したかもしれない。ただ、現時点では、吉川氏の指摘は、むしろ正鵠を射ていると思う。しかし、同時に、人々の無関心さえ「合理的無関心」と解釈したい経済学界において吉川氏のような大御所でない無名の若手が「事前の合理性へ拘泥しない経済学論文」を書いても、メインストリームの経済学中心の学術誌の査読で却下されるはずで、トップクラスの大学には就職できそうにないだろう。メインストリームの経済学の構造には、エコンとしての合理性を突き詰めていく作用が強く働く。この論理構造を前提として投稿論文が査読され、学術誌への採否が決まる。学術誌に採用されることが学者の業績評価に直結する、というシステムは、人間がエコンであり合理性を経済の前提とする経済学者を再生産していく方向に働く。行動経済学をまず心理学者が切り開いていったことには必然性があった、と言える。

本論でも述べたように、行動経済学は既存の経済学にとって代わるべきものではない。しかし、メインストリームの経済学だけでは合理性への偏りが生じる。それを客観的に補完するうえで極めて貴重な知見を提供してくれる分野だと思う。

※　※　※

本書の執筆にとりかかる少し前の二〇二一年二月、同世代の経済学者である池尾和人氏が亡くなった。

確固たる信念をやわらかな上方のアクセントに包み込み、人を引き込む優しい笑顔が印象的な知識人だった。個人的にとりわけ親しい間柄だった、というわけではない。何年も会わないこともあった。ただ、筆者が本を出せば必ずどこかに的確な書評を書いてくれた。会う機会がなくとも、池尾さんが学識と現実感覚に裏打ちされた含蓄に富んだ議論をどこかで展開していることは頼もしかった。池尾さんの闘病を知ったときに、一度だけ、あなたは、世の中にとって大事な人だから無理をしないで、という気持ちを込めてお見舞いのメールを送った。すぐ返事が来たが、謝辞、状況説明のあと、「お互いにがんばりましょう」、と結ばれていた。そうじゃないんだよ、池尾さん。でも、池尾さんは、声が出せなくなるギリギリまで——ある段階からは緩和ケアを受けながら——さまざまなオンライン会議に参加し、それまで通りに重要な役割を果たし続けた。しかし、夫人によれば、オンラインで仕事をするたびにひどく疲れて食欲を失っていた、という。そして、医師の予想よりはるかに早く亡くなってしまった。

本当にがんばったね、池尾さん。

もう書評はしてもらえないが、本書を池尾和人氏に捧げたい。

翁　邦雄

岩波新書/最新刊から

1900 **新型コロナと向き合う**
—「かかりつけ医」からの提言—
横倉義武著
日医会長として初動の緊迫した半年間に新型コロナ感染症対応にあたった経験と、その後の知見を踏まえた、医療現場からの提言。

1901 **ロボットと人間**
人とは何か
石黒浩著
ロボット研究とは、人間を深く知ることである。人間にとって自律、心、存在、対話とは何か。ロボットと人間の未来にも言及。

1902 **視覚化する味覚**
—食を彩る資本主義—
久野愛著
資本主義経済の発展とともに食べ物の色の持つ意味や価値がどのように変化してきたのかを、感覚史研究の実践によりひもとく。

1903 **江戸の学びと思想家たち**
辻本雅史著
〈知〉を文字によって学び伝えてゆく「教育社会」が個性豊かな江戸思想を生んだ。〈学び〉と〈メディア〉からみわたす思想史入門。

1904 **金融サービスの未来**
—社会的責任を問う—
新保恵志著
金融機関は社会の公器たり得ているのか？徹底した利用者目線から、過去の不祥事を検証し、最新技術を解説。その役割を問い直す。

1905 **企業と経済を読み解く小説50**
佐高信著
疑獄事件や巨大企業の不正を描いた古典的名作から、二〇一〇年代に刊行された傑作まで、経済小説の醍醐味を伝えるブックガイド。

1906 **スポーツからみる東アジア史**
—分断と連帯の二〇世紀—
高嶋航著
東アジアで開催されたスポーツ大会には、二〇世紀の情勢が鋭く刻印されている。政治に翻弄されるアマチュアリズムの歴史を読む。

1907 **うつりゆく日本語をよむ**
—ことばが壊れる前に—
今野真二著
安定したコミュニケーションを脅かす、「壊れかけたことば」が増えている。日本語の今に私たちの危機を探り、未来を展望する。

(2022.1)

世界史

スペイン史10講　立石博高
ヒトラー　芝健介
ユーゴスラヴィア現代史〔新版〕　柴宜弘
東南アジア史10講　古田元夫
チャリティの帝国　金澤周作
太平天国　菊池秀明
ドイツ統一　アンドレアス・レダー　板橋拓己訳
人口の中国史　上田信
カエサル　小池和子
世界遺産　中村俊介
奴隷船の世界史　布留川正博
独ソ戦　絶滅戦争の惨禍　大木毅
イタリア史10講　北村暁夫
フランス現代史　小田中直樹
移民国家アメリカの歴史　貴堂嘉之
フィレンツェ　池上俊一
マーティン・ルーサー・キング　黒﨑真
ナポレオン　杉本淑彦
ガンディー　平和を紡ぐ人　竹中千春
イギリス現代史　長谷川貴彦
ロシア革命　破局の8か月　池田嘉郎
天下と天朝の中国史　檀上寛
孫文　深町英夫
古代東アジアの女帝　入江曜子
新・韓国現代史　文京洙
ガリレオ裁判　田中一郎
人間・始皇帝　鶴間和幸
袁世凱　岡本隆司
二〇世紀の歴史　木畑洋一
イギリス史10講　近藤和彦
植民地朝鮮と日本　趙景達
シルクロードの古代都市　加藤九祚
中華人民共和国史〔新版〕　天児慧
物語 朝鮮王朝の滅亡◆　金重明
新・ローマ帝国衰亡史　南川高志
近代朝鮮と日本　趙景達
マヤ文明　青山和夫
北朝鮮現代史◆　和田春樹
四字熟語の中国史　冨谷至
李鴻章　岡本隆司
新しい世界史へ　羽田正
パル判事　中里成章
グランドツアー　18世紀イタリアへの旅　岡田温司
マルコムX　荒このみ
パリ　都市統治の近代　喜安朗
ノモンハン戦争　モンゴルと満洲国　田中克彦
中国という世界　竹内実
ウィーン　都市の近代　田口晃
紫禁城　入江曜子
ジャガイモのきた道　山本紀夫
北京　春名徹
創氏改名　水野直樹

福祉・医療

- 新型コロナと向き合う　横倉義武
- 〈弱さ〉を〈強み〉に　天畠大輔
- がんと外科医　阪本良弘
- 医の希望　齋藤英彦編
- 〈いのち〉とがん　患者となって考えたこと　坂井律子
- ルポ 看護の質　小林美希
- 健康長寿のための医学　井村裕夫
- 和漢診療学　あたらしい漢方　寺澤捷年
- 在宅介護　結城康博
- 医と人間　井村裕夫編
- 医療の選択　桐野高明
- 納得の老後　日欧在宅ケア探訪　村上紀美子
- 移植医療　橳島次郎／出河雅彦
- 医学的根拠とは何か　津田敏秀
- 転倒予防　武藤芳照
- 看護の力　川嶋みどり

- 心の病 回復への道　野中猛
- 重い障害を生きるということ　髙谷清
- 肝臓病　渡辺純夫
- 感染症と文明　山本太郎
- ルポ 認知症ケア最前線　佐藤幹夫
- 医の未来　矢﨑義雄編
- パンデミックとたたかう◆　押谷仁／瀬名秀明
- 介護　現場からの検証　結城康博
- 腎臓病の話　椎貝達夫
- がん緩和ケア最前線　坂井かをり
- 新型インフルエンザ　世界がふるえる日◆　山本太郎
- 児童虐待　川﨑二三彦
- 生老病死を支える　方波見康雄
- 医療の値段　結城康博
- ぼけの予防◆　須貝佑一
- 認知症とは何か　小澤勲
- 障害者とスポーツ　高橋明
- 放射線と健康　舘野之男

- 定常型社会　新しい「豊かさ」の構想　広井良典
- 健康ブームを問う　飯島裕一編著
- 血管の病気　田辺達三
- 医の現在　高久史麿編
- 日本の社会保障　広井良典
- 高齢者医療と福祉　岡本祐三
- 看護　ベッドサイドの光景　増田れい子
- 医療の倫理　星野一正
- 腸は考える　藤田恒夫
- 光に向って咲け　粟津キヨ
- リハビリテーション　砂原茂一
- 指と耳で読む　本間一夫
- 文明と病気 上・下　H・E・シゲリスト　松藤元訳
- 自分たちで生命を守った村　菊地武雄

(2021.10)　◆は品切，電子書籍版あり．　(F)

- 鳥獣害 動物たちと、どう向きあうか　祖田修
- 科学者と戦争　池内了
- 新しい幸福論　橘木俊詔
- ブラックバイト 学生が危ない　今野晴貴
- 原発プロパガンダ　本間龍
- ルポ 母子避難　吉田千亜
- 日本にとって沖縄とは何か　新崎盛暉
- 日本病 長期衰退のダイナミクス　金子勝　児玉龍彦
- 雇用身分社会　森岡孝二
- 生命保険とのつき合い方　出口治明
- ルポ にっぽんのごみ　杉本裕明
- 鈴木さんにも分かるネットの未来　川上量生
- 地域に希望あり　大江正章
- 世論調査とは何だろうか　岩本裕
- フォト・ストーリー 沖縄の70年　石川文洋
- ルポ 保育崩壊　小林美希
- 多数決を疑う 社会的選択理論とは何か　坂井豊貴

- アホウドリを追った日本人　平岡昭利
- 朝鮮と日本に生きる　金時鐘
- 被災弱者　岡田広行
- 農山村は消滅しない　小田切徳美
- 復興〈災害〉　塩崎賢明
- 「働くこと」を問い直す　山崎憲
- 原発と大津波 警告を葬った人々　添田孝史
- 縮小都市の挑戦　矢作弘
- 福島原発事故 被災者支援政策の欺瞞　日野行介
- 日本の年金　駒村康平
- 食と農でつなぐ 福島から　塩谷弘康　岩崎由美子
- 過労自殺〔第二版〕　川人博
- 金沢を歩く　山出保
- ドキュメント 豪雨災害　稲泉連
- ひとり親家庭　赤石千衣子
- 女のからだ フェミニズム以後　荻野美穂
- 〈老いがい〉の時代　天野正子
- 子どもの貧困Ⅱ　阿部彩

- 性と法律　角田由紀子
- ヘイト・スピーチとは何か　師岡康子
- 生活保護から考える◆　稲葉剛
- かつお節と日本人　宮内泰介　藤林泰
- 家事労働ハラスメント　竹信三恵子
- 福島原発事故 県民健康管理調査の闇　日野行介
- 電気料金はなぜ上がるのか　朝日新聞経済部
- おとなが育つ条件　柏木惠子
- 在日外国人〔第三版〕　田中宏
- まち再生の術語集　延藤安弘
- 震災日録 記憶を記録する　森まゆみ
- 原発をつくらせない人びと　山秋真
- 社会人の生き方　暉峻淑子
- 構造災 科学技術社会に潜む危機　松本三和夫
- 家族という意志　芹沢俊介
- ルポ 良心と義務　田中伸尚
- 飯舘村は負けない　千葉悦子　松野光伸
- 夢よりも深い覚醒へ　大澤真幸

経済

日本経済図説〔第五版〕　宮崎勇・本庄真・田谷禎三
好循環のまちづくり！　枝廣淳子
グローバル・タックス　諸富徹
世界経済図説〔第四版〕　宮崎勇・田谷禎三
日本経済30年史 バブルからアベノミクスまで　山家悠紀夫
行動経済学の使い方　大竹文雄
日本のマクロ経済政策　熊倉正修
ゲーム理論入門の入門　鎌田雄一郎
平成経済 衰退の本質　金子勝
幸福の増税論　井手英策
日本の税金〔第3版〕　三木義一
戦争体験と経営者　立石泰則
金融政策に未来はあるか　岩村充
データサイエンス入門　竹村彰通
経済数学入門の入門　田中久稔
地元経済を創りなおす　枝廣淳子

会計学の誕生　渡邉泉
偽りの経済政策　服部茂幸
ミクロ経済学入門の入門　坂井豊貴
経済学のすすめ　佐和隆光
ガルブレイス　伊東光晴
ユーロ危機とギリシャ反乱　田中素香
ポスト資本主義 科学・人間・社会の未来　広井良典
日本の納税者◆　三木義一
タックス・イーター　志賀櫻
コーポレート・ガバナンス◆　花崎正晴
グローバル経済史入門　杉山伸也
アベノミクスの終焉◆　服部茂幸
新・世界経済入門　西川潤
金融政策入門　湯本雅士
日本経済図説〔第四版〕　宮崎勇・本庄真・田谷禎三
新自由主義の帰結　服部茂幸
タックス・ヘイブン　志賀櫻
WTO 貿易自由化を超えて　中川淳司

日本財政 転換の指針　井手英策
成熟社会の経済学　小野善康
平成不況の本質　大瀧雅之
原発のコスト　大島堅一
次世代インターネットの経済学　依田高典
ユーロ 危機の中の統一通貨　田中素香
低炭素経済への道　諸富徹・浅岡美恵
「分かち合い」の経済学　神野直彦
グリーン資本主義　佐和隆光
消費税をどうするか　小此木潔
国際金融入門〔新版〕　岩田規久男
ビジネス・インサイト◆　石井淳蔵
金融商品とどうつき合うか　新保恵志
金融NPO　藤井良広
地域再生の条件　本間義人
経済データの読み方〔新版〕　鈴木正俊
格差社会 何が問題なのか　橘木俊詔

法律

少年法入門 廣瀬健二
倒産法入門 伊藤眞
国際人権入門 申惠丰
AIの時代と法 小塚荘一郎
労働法入門〔新版〕 水町勇一郎
アメリカ人のみた日本の死刑 デイビッド・T・ジョンソン 笹倉香奈訳
虚偽自白を読み解く 浜田寿美男
親権と子ども 榊原富士子 池田清貴
裁判の非情と人情 原田國男
独占禁止法〔新版〕 村上政博
密着 最高裁のしごと 川名壮志
「法の支配」とは何か 行政法入門 大浜啓吉
会社法入門〔新版〕 神田秀樹
憲法への招待〔新版〕 渋谷秀樹
比較のなかの改憲論 辻村みよ子
大災害と法 津久井進
変革期の地方自治法 兼子仁
原発訴訟 海渡雄一
民法改正を考える◆ 大村敦志
労働法入門◆ 水町勇一郎
人が人を裁くということ 小坂井敏晶
知的財産法入門 小泉直樹
消費者の権利〔新版〕 正田彬
司法官僚 裁判所の権力者たち 新藤宗幸
名誉毀損 山田隆司
刑法入門 山口厚
家族と法 二宮周平
会社法入門◆ 神田秀樹
憲法とは何か 長谷部恭男
良心の自由と子どもたち 西原博史
著作権の考え方 岡本薫
法とは何か〔新版〕 渡辺洋三
日本の憲法〔第三版〕 長谷川正安
憲法と天皇制 横田耕一
自由と国家 樋口陽一
憲法第九条 小林直樹
日本人の法意識 川島武宜
憲法講話◆ 宮沢俊義

(2021.10)

◆は品切，電子書籍版あり．(B)

政治

- 「オピニオン」の政治思想史　堤林剣・堤林恵
- 戦後政治史〔第四版〕　石川真澄・山口二郎
- 尊厳　マイケル・ローゼン／内尾太一・峯陽一 訳
- デモクラシーの整理法　空井護
- 地方の論理　小磯修二
- SDGs　南博・稲場雅紀
- 暴君　スティーブン・グリーンブラット／河合祥一郎 訳
- ドキュメント 強権の経済政策　軽部謙介
- リベラル・デモクラシーの現在　樋口陽一
- 民主主義は終わるのか　山口二郎
- 女性のいない民主主義　前田健太郎
- 平成の終焉　原武史
- 日米安保体制史　吉次公介
- 官僚たちのアベノミクス　軽部謙介
- 在日米軍 変貌する日米安保体制　梅林宏道
- 矢内原忠雄 戦争と知識人の使命　赤江達也
- 憲法改正とは何だろうか　高見勝利
- 共生保障〈支え合い〉の戦略　宮本太郎
- シルバー・デモクラシー 戦後世代の覚悟と責任　寺島実郎
- 憲法と政治　青井未帆
- 18歳からの民主主義◆　岩波新書編集部 編
- 検証 安倍イズム　柿崎明二
- 右傾化する日本政治　中野晃一
- 外交ドキュメント 歴史認識◆　服部龍二
- 日米〈核〉同盟 原爆、核の傘、フクシマ　太田昌克
- 集団的自衛権と安全保障　豊下楢彦・古関彰一
- 日本は戦争をするのか　半田滋
- アジア力の世紀　進藤榮一
- 民族紛争　月村太郎
- 自治体のエネルギー戦略　大野輝之
- 政治的思考　杉田敦
- 現代日本の政党デモクラシー　中北浩爾
- サイバー時代の戦争　谷口長世
- 現代中国の政治　唐亮
- 政権交代とは何だったのか◆　山口二郎
- 日本の国会　大山礼子
- 戦後政治史〔第三版〕　石川真澄・山口二郎
- 〈私〉時代のデモクラシー　宇野重規
- 大臣〔増補版〕　菅直人
- 生活保障 排除しない社会へ　宮本太郎
- 「戦地」派遣 変わる自衛隊　半田滋
- 民族とネイション　塩川伸明
- 昭和天皇　原武史
- 集団的自衛権とは何か　豊下楢彦
- 沖縄密約　西山太吉
- 吉田茂　原彬久
- 市民の政治学◆　篠原一
- 東京都政　佐々木信夫
- 有事法制批判　憲法再生フォーラム 編

岩波新書新赤版一〇〇〇点に際して

ひとつの時代が終わったと言われて久しい。だが、その先にいかなる時代を展望するのか、私たちはその輪郭すら描きえていない。二〇世紀から持ち越した課題の多くは、未だ解決の緒を見つけることのできないままであり、二一世紀が新たに招きよせた問題も少なくない。グローバル資本主義の浸透、憎悪の連鎖、暴力の応酬――世界は混沌として深い不安の只中にある。

現代社会においては変化が常態となり、速さと新しさに絶対的な価値が与えられた。消費社会の深化と情報技術の革命は、種々の境界を無くし、人々の生活やコミュニケーションの様式を根底から変容させてきた。ライフスタイルは多様化し、一面では個人の生き方をそれぞれが選びとる時代が始まっている。同時に、新たな格差が生まれ、様々な次元での亀裂や分断が深まっている。社会や歴史に対する意識が揺らぎ、普遍的な理念に対する根本的な懐疑や、現実を変えることへの無力感がひそかに根を張りつつある。そして生きることに誰もが困難を覚える時代が到来している。

しかし、日常生活のそれぞれの場で、自由と民主主義を獲得し実践することを通じて、私たち自身がそうした閉塞を乗り超え、希望の時代の幕開けを告げてゆくことは不可能ではあるまい。そのために、いま求められていること――それは、個と個の間で開かれた対話を積み重ねながら、人間らしく生きることの条件について一人ひとりが粘り強く思考することではないか。その営みの糧となるものが、教養に外ならないと私たちは考える。歴史とは何か、よく生きるとはいかなることか、世界そして人間はどこへ向かうべきなのか――こうした根源的な問いとの格闘が、文化と知の厚みを作り出し、個人と社会を支える基盤としての教養となった。まさにそのような教養への道案内こそ、岩波新書が創刊以来、追求してきたことである。

岩波新書は、日中戦争下の一九三八年一一月に赤版として創刊された。創刊の辞は、道義の精神に則らない日本の行動を憂慮し、批判的精神と良心的行動の欠如を戒めつつ、現代人の現代的教養を刊行の目的とする、と謳っている。以後、青版、黄版、新赤版と装いを改めながら、合計二五〇〇点余りを世に問うてきた。そして、いままた新赤版が一〇〇〇点を迎えたのを機に、人間の理性と良心への信頼を再確認し、それに裏打ちされた文化を培っていく決意を込めて、新しい装丁のもとに再出発したいと思う。一冊一冊から吹き出す新風が一人でも多くの読者の許に届くこと、そして希望ある時代への想像力を豊かにかき立てることを切に願う。

（二〇〇六年四月）

翁 邦雄

1951年東京生まれ．1974年東京大学経済学部を卒業し日本銀行入行．1983年シカゴ大学 Ph. D. 取得(経済学)，筑波大学社会工学系助教授，日本銀行金融研究所長，京都大学公共政策大学院教授などを経て，
現在―大妻女子大学特任教授，京都大学公共政策大学院名誉フェロー
専攻―国際経済学，金融論
著書―『期待と投機の経済分析――「バブル」現象と為替レート』(東洋経済新報社，日経・経済図書文化賞受賞)，『ポスト・マネタリズムの金融政策』(日本経済新聞出版社)，『金融政策のフロンティア――国際的潮流と非伝統的政策』(日本評論社)，『日本銀行』(ちくま新書)，『経済の大転換と日本銀行』(岩波書店，石橋湛山賞受賞)，『金利と経済――高まるリスクと残された処方箋』(ダイヤモンド社)，『移民と AI は日本を変えるか』(慶應義塾大学出版会) など．

人の心に働きかける経済政策　岩波新書(新赤版)1908

2022年1月20日　第1刷発行
2022年1月25日　第2刷発行

著　者　翁《おきな》 邦《くに》雄《お》

発行者　坂本政謙

発行所　株式会社 岩波書店
〒101-8002 東京都千代田区一ツ橋2-5-5
案内 03-5210-4000　営業部 03-5210-4111
https://www.iwanami.co.jp/

新書編集部 03-5210-4054
https://www.iwanami.co.jp/sin/

印刷・三陽社　カバー・半七印刷　製本・中永製本

ISBN 978-4-00-431908-5　　Printed in Japan

文献案内と脚注的補論

邦訳がある文献については基本的に原典の引用は省略している．英文の参考文献は，一部の記念碑的論文を除き，インターネットでも閲覧できるものを選択している．脚注的補論としてここで追記したのは，筆者としては書いておきたい内容だが，本文に織り込んだり脚注にすると，本論の流れを逸れさせてしまう可能性があると感じた話題である．このため，文献案内とともに，最後にまとめて記載することとし，関心に応じて拾い読みしてもらえれば，と考えた．

はじめに

（「エコン族の生態」の出所）

レイヨンフーヴッド，アクセル著・中山靖夫監訳『ケインズ経済学を超えて――情報とマクロ経済』東洋経済新報社，1984年

に第12章として収録されている．

（行動経済学入門）

行動経済学の読みやすい概説書として，

セイラー，リチャード＆キャス・サンスティーン共著・遠藤真美訳『実践行動経済学――健康，富，幸福への聡明な選択』日経BP社，2009年

カーネマン，ダニエル著・村井章子訳『ファスト＆スロー（上・下）』ハヤカワ文庫NF，2014年

大竹文雄『行動経済学の使い方』岩波新書，2019年

セイラー，リチャード著・遠藤真美訳『行動経済学の逆襲（上・下）』ハヤカワ文庫NF，2019年

の4冊を挙げておきたい．メインストリームの経済学にかなり詳しい知識がある人には，セイラーの『行動経済学の逆襲』が特に読みやすいはずである．心理学に知識ないし関心がある場合には，

行動経済学の古典と言えるカーネマンの『ファスト＆スロー』，ナッジなど行動経済学の具体的な応用に興味がある人には，大竹文雄『行動経済学の使い方』およびセイラー＆サンスティーン『実践行動経済学』がお勧めできる．

(金融政策関連)

伊藤隆敏『インフレ目標政策』日本経済新聞出版社，2013年

インフレ目標政策採用を持論としてきた著者が，メインストリームの経済学の視点に沿ってインフレ目標政策を解説した啓蒙書であり，執筆時点におけるメインストリームの経済学者のインフレ目標実現への自信をうかがうことができる．

池尾和人『連続講義・デフレと経済政策――アベノミクスの経済分析』日経BP社，2013年

アベノミクスが最も成果を挙げているようにみえていたころ出版されたこの本の帯には，著者の笑顔の写真とともに「10年後後悔しないために　いま　何をなすべきか」と書かれていた．執筆後10年経つ前に，著者はこの世を去ってしまったが，その問題提起は色あせていない．

早川英男『金融政策の「誤解」――“壮大な実験”の成果と限界』慶應義塾大学出版会，2016年

長年，日銀・調査統計局長としての経済情勢分析判断の責任者であった著者による，量的・質的緩和の効果・限界・問題点についての解説．読みやすく総括されている．

岩村充『金融政策に未来はあるか』岩波新書，2018年

金融政策の現状についての分析を踏まえて，金融政策の制度的および実務的な将来像についての理論的検討が展開されている．著者は日銀出身だが，在職当時，日銀の運営する決済システム(日銀ネット)構築を実務的に主導した経験もあり(その際，著者のアイディアは，日銀の特許取得ももたらした)，その将来像は机上の空論ではないはずだ．

白川方明『中央銀行――セントラルバンカーの経験した39年』東洋経済新報社，2018年

日銀在職中，はじめはスタッフとして，最後は総裁として，さまざまな難局に直面した著者の体験が率直に語られている．その経験を踏まえて，民主主義社会における中央銀行のあるべき姿が模索されている．

吉川洋『マクロ経済学の再構築――ケインズとシュンペーター』岩波書店，2020 年

ミクロ的基礎づけをもつ「メインストリームのマクロ経済学」のアンチテーゼとして，統計物理学の手法を取り入れてマクロ経済学の再構築を企図したもの．ただし，著者の 50 年の研究生活を締めくくる「卒業論文」という位置づけの大著なので，通読するにはマクロ経済学の予備知識とそれなりの覚悟がいる．

西野智彦『ドキュメント 日銀漂流――試練と苦悩の四半世紀』岩波書店，2020 年

日銀およびその金融政策が漂流していく軌跡を，膨大な調査と取材をもとに，そのときどきの関係者がどのような思想をもち，何を背景に，どのような理由で動き，その相互作用はどのようなものであったか，を緻密に検証している．

なお，金融政策に関連して本書の背景になっている筆者自身の著作としては，

翁邦雄『ポスト・マネタリズムの金融政策』日本経済新聞出版社，2011 年
翁邦雄『金融政策のフロンティア――国際的潮流と非伝統的政策』日本評論社，2013 年
翁邦雄『日本銀行』ちくま新書，2013 年
翁邦雄『経済の大転換と日本銀行』岩波書店，2015 年
翁邦雄『金利と経済――高まるリスクと残された処方箋』ダイヤモンド社，2017 年

がある．それぞれの本で主題は異なるが，いずれも執筆時の金融政策を巡る状況を解説するパートが含まれている．

第1章

(ファマのインタビューの出所)

Cassidy, John "Interview with Eugene Fama" (2010).
https://www.newyorker.com/news/john-cassidy/interview-with-eugene-fama

である.

(ケインズのニュートン評価)

ニュートンはいかにもエコンとしての合理的判断ができそうな人に思える，と本文で書いたが，彼は神学や錬金術にもきわめて強い関心をもっており，20世紀になって競売に付された膨大な手稿や蔵書目録から，錬金術の実験，神学の研究，キリスト教的年代学の研究は余技ではなく，力学や光学に劣らないほど関心の中核を占めていた，とされる．ニュートン手稿の収集と検証に努力したことで知られているケインズは，ニュートンは理性の時代の最初の人ではなく，最後の魔術師であったと評した，とされている．この点については，例えば以下を参照.

ドッブズ，B. J. T. 著・大谷隆昶訳『錬金術師ニュートン――ヤヌス的天才の肖像』みすず書房，2000年

(複数均衡による銀行取り付けモデルと取り付けへの処方箋)

銀行取り付けモデルについての本文の説明は基本的に，

Diamond, Douglas W. and Philip H. Dybvig "Bank Runs, Deposit Insurance, and Liquidity" *Journal of Political Economy* 1983, 91 (3), 401-419.

の議論に沿っている．なお，預金者がエコンなら，例えば，預金保険制度を創設し，これにより，破綻した銀行の預金は，預金保険機構が代わりに全額払い戻してくれる，ということにすれば，取り付けは起きない．つまり，興味深いことにこのモデルでは，預金保険制度が創設されれば，実際に発動されることなく問題が解決される.

このように書くと，取り付けの問題はエコンの世界では簡単に

解決するようにみえる．だが，これは現実の銀行破綻問題とはかなり距離がある．モデルの前提は「銀行が完全に損失リスクのない融資をしている」ということだった．しかし，実際には，銀行は危ない企業にも貸す，というより，どの企業も大なり小なりリスクを抱えている．ところが，もし，全額預金を保証してくれる預金保険制度があれば，預金者は，銀行が誰に貸し出しているかに関心を持つ必要はなく，預金金利が少しでも高い銀行にお金を預けることが得になり，危ない銀行でもいくらでも資金調達できることになる．これは別の不都合な事態を引き起こす．

（災害心理学についての参考文献）

危機時のヒトの行動を，災害心理学的見地から説明した読みやすいものとして，

広瀬弘忠『人はなぜ逃げおくれるのか――災害の心理学』集英社新書，2004 年

がある．本文における正常性バイアスについての議論は，基本的にこの本に依拠している．

（東日本大震災における大洗町の呼びかけ事例の出典）

井上裕之「大洗町はなぜ「避難せよ」と呼びかけたのか――東日本大震災で防災行政無線放送に使われた呼びかけ表現の事例報告」『放送研究と調査』NHK 放送文化研究所，2011 年 9 月号

である．

第 2 章

（空気の研究について）

半世紀前，評論家の山本七平は，

山本七平『「空気」の研究』文藝春秋，1977 年

のなかで，第二次大戦末，論理的な作戦としてはありえない戦艦大和の出撃決定に至る経緯など，さまざまな事例を取り上げ，「……われわれが通常口にするのは，論理的判断の基準だが，本当の決断の基準になっているのは，「空気が許さない」という空

気的判断の基準である」と書いた．この主張は，日本人に特徴的な思考方式として，現代でもよく引用される．実際に，日本人が空気に敏感で，それに伴う忖度に支配されがちなことは，今日でも変わらない．

（膝まで泥まみれ）

スタウの2つの論文は，

Staw, B. M. "Knee-Deep in the Big Muddy: A Study of Escalating Commitment to a Chosen Course of Action" *Organizational Behavior and Human Performance* 1976, 16 (1), 27-44.

Staw, B. M. "The Escalation of Commitment To a Course of Action" *The Academy of Management Review* 1981, 6 (4), 577-587.

である．

（認知バイアスと錯視）

京都大学の脳科学研究グループは，機能的磁気共鳴画像法（fMRI）を用いて，遮蔽物体を見ているときの人間の脳活動を計測し，後頭部に位置する第1・2次視覚野（V1／V2）において，遮蔽されて欠損した視覚像が補完され，物体の全体像が再構成されていることを明らかにした，としている．京都大学の脳科学研究グループの説明の出典は，

https://www.kyoto-u.ac.jp/static/ja/news_data/h/h1/news6/2013_1/131023_3.htm

である．

（将棋とAIの参考文献）

本論で紹介した，将棋の名人をはじめて破った最強の将棋ソフト「ポナンザ」の開発者による解説書は，

山本一成『人工知能はどのようにして「名人」を超えたのか？』ダイヤモンド社，2017年

である．本文中の羽生善治九段のコメントは，

小宮山宏・三菱総合研究所編著『フロネシス 22 号　13 番目の人類』ダイヤモンド社，2020 年所収インタビュー

小林光一九段のコメントは，

「私の履歴書」『日本経済新聞』朝刊，2020 年 6 月 30 日

による．

（サンクコストの罠：人間と他の生物との比較）

大人に比べ幼児はサンクコストの罠に陥りにくいという心理学的研究は，

Arkes, Hal R. and Peter Ayton "The Sunk Cost and Concorde Effects: Are Humans Less Rational Than Lower Animals?" *Psychological Bulletin* 1999, 125 (5), 591-600.

による．なお，この論文の大半は，昆虫も含めたさまざまな生物の行動がサンクコストの影響を受けるか，というサーベイに割かれている．この論文によると，ヒト以外の生物についてサンクコストの罠に陥っている，という説得力のある事例は見つかっておらず，アヒルや家ネズミのような動物の知力でも，将来のコストと利益を関連づける判断ができる反面，これらの動物はサンクコストにはとらわれていない，という．

（イスラエル・ハイファの保育園での保護者の遅刻に罰金を科す実験）

Gneezy, Uri and Aldo Rustichini "A Fine is a Price" *The Journal of Legal Studies* 2000, 29 (1), 1-17.

この論文が，経済学や心理学系の学術誌でなく，上記の法律系の学術誌に投稿され採用されたのは，たぶん，罰金などの罰を与えることが犯罪抑止に一時的ないし永続的に効果をもつのか，という関心に一石を投ずる内容だからなのだろう．

(トーマス・フィリップス提督の戦死が日本海軍内の社会規範に与えた影響)

大木毅「指揮官たちの第二次世界大戦」『波』新潮社, 2021 年 7 月号

大木氏はふれてはいないが, 艦船と一体となって死を選ぶことを美化する傾向を強めた社会規範は, おそらくは特攻出撃を慫慂することにつながり, 多くの若者を死に追いやっただろう.

(なぜ「プロスペクト理論」という名前なのか)

プロスペクト理論を提示した記念碑的論文は,

Kahneman, Daniel and Amos Tversky "Prospect Theory: An Analysis of Decision under Risk" *Econometrica* 1979, 47 (2), 263-291.

である. カーネマンは 2002 年にノーベル経済学賞を受賞したが, その数年前にトヴェルスキーが癌のため 59 歳の若さで亡くなっていなければ, 2 人の共同受賞になっていたはずと言われている. 「プロスペクト」を辞書でひくと,「見通し」「展望」などの訳がついているが, この言葉は理論の内容を説明するものではなく, あまりしっくりこない. セイラーによると,「プロスペクト理論」は未定稿の段階では「価値理論」になっていたが, 著者たちは, 価値理論は誤解を招く恐れがあると感じ, あえてプロスペクト理論という名称に変更したのだ, という. 確かに価値という言葉は経済学ではよく出てくるし,「価値と資本」など標題にこの言葉を含む経済学の古典も多いので, 特定のイメージを喚起する力は強い. これに対し,「プロスペクト」は, 少なくとも強いイメージを喚起する言葉ではなさそうだ. 同じ内容でも表現によって受け取り方が大きく左右される, というフレーミングにとりわけ敏感な行動経済学者にふさわしいネーミング上の考慮と言える.

(英『エコノミスト』誌の販売戦略)

消費者は効用を最大化するオプションではなく, 理由づけないし正当化が最もしやすいオプションを選択する, と最初に指摘し

たのは，マーケティングの研究者であるシモンソンの論文，

Simonson, Itamar “Choice Based on Reasons: The Case of Attraction and Compromise Effects” *Journal of Consumer Research* 1989, 16 (2), 158-174.

である．この論文でシモンソンは，消費者の選択原理についての新たな視点を示し，マーケティングに大きな影響を与えた．それをわかりやすい例で説明しているのは，

アリエリー，ダン著・熊谷淳子訳『予想どおりに不合理──行動経済学が明かす「あなたがそれを選ぶわけ」』ハヤカワ文庫NF，2013年

である．この本で紹介されている有名な例は，『エコノミスト』の年間購読料の例である．当時，同誌の年間購読の実質的な選択肢は，① Web版の年間購読：59ドル，② Web版＋印刷版の年間購読：125ドルの2つだが，実際の購読プランは見かけ上，3択になっており，③印刷版のみの年間購読：125ドルが加えられていた．むろん，実際には印刷版のみの③を選択する人はいないはずだ(同じ金額でWeb版もついてくる②を選べるから)．しかし，この選択肢を加えることで，2択では不人気の② Web版＋印刷版を選択する人が激増する．③より明らかに有利であることで，②が正当化しやすい選択肢になったからだ，という．

(国立がん研究センターの受診勧奨資材)

溝田友里・山本精一郎「行動科学やナッジ，ソーシャルマーケティングを活用したがんに関する普及・実装研究」国立がん研究センター・社会と健康研究センター保健社会学研究部「希望の虹プロジェクト」サイト，2019年

https://www.ncc.go.jp/jp/cpub/division/public_health_policy/project/project_05/project_05.pdf

これは，医療関連分野の最前線で使われているナッジ等の実例が広範に取り上げられている資料であり，豊富な情報が含まれている．

（政府・国際機関の BIT 関連サイト）
英国の BIT のホームページ：https://www.bi.team/
日本版ナッジ・ユニットのホームページ：http://www.env.go.jp/earth/best.html
OECD のナッジ関連サイト：https://www.oecd.org/gov/regulatory-policy/behavioural-insights.htm

ちなみに，環境省に事務局を置く日本版ナッジ・ユニット（BEST）は，新型コロナウイルス対策におけるナッジの活用について第 16 回日本版ナッジ・ユニット連絡会議（2020 年 3 月 18 日開催）から検討を開始している．具体的には，行動経済学や社会心理学等の行動科学の有識者等との連携のもと，市民の自発的な行動変容を促す取り組みを一般募集したり，地方公共団体等におけるナッジの活用事例を収集したりしている．この間，ナッジ等を活用する世界各国や国際機関の実務家等から構成され，新型コロナウイルス対策に特化したグローバルなナッジ・ユニットにも参画している．

（ダークパターンとスラッジ）

ダークパターンには，詐欺まがいの商慣行や，サービス自体にユーザーが使用・拡散するような「仕組み」を入れたグロースハックなどの影響も指摘されているが，ナッジがきわめて重要な影響を与えていることは疑いがない．このため，ナッジを推進したセイラーら行動経済学者に対して，企業がナッジを悪用することを十分には懸念していなかった，という批判も強い．2008 年に出版された『実践行動経済学』のなかで，サンスティーンとセイラーは，ナッジと倫理の問題も取りあげていたし，企業によるナッジの悪用の可能性についても警告しているが，それでも，例えば，オンライン・プライバシーの研究者であるナラヤナンらによる「ダークパターン」のコンパクトな解説である，

Narayanan, Arvind, Arunesh Mathur, Marshini Chetty and Mihir Kshirsagar “Dark Patterns: Past, Present, and Future: The Evolution of Tricky User Interfaces” *acm queue* 2020, 18 (2).

のなかでは，『実践行動経済学』におけるナッジと倫理の問題についての議論は，不十分だった，と批判されている．

なお，サンスティーンがナッジにかかわる倫理の問題を正面からとりあげた論文は，

Sunstein, Cass R. “The Ethics of Nudging”. https://ssrn.com/abstract=2526341 or http://dx.doi.org/10.2139/ssrn.2526341

であり，セイラーが悪しきナッジをスラッジと呼んだ論文は，

Thaler, Richard H. “Nudge, not Sludge” *Science* 2018, 361 (6401), 431.

である．

（ナッジの許容度の国際比較）

気がつかないうちに意思を操作されてしまう可能性があるナッジをどの程度許容し，肯定的に捉えるか，という点については，文化圏や性別で差がある，という報告もある．国ごとのナッジの許容レベルの違いについての研究が簡単にサーベイされているものとして，

コミネッリ，ルイジ著・小林史明訳「行動に影響を与える選択フレーミング――「ナッジ」と規制をめぐる議論」『法律論叢』91(1), 395-411，明治大学法律研究所，2018年

がある．これによると，例えば，中国と韓国は他のすべての地域よりも許容レベルが高く，デンマーク，ハンガリー，日本では許容レベルがやや低い．また，女性は男性よりもナッジに好意的，とされている．

なお，米国でナッジを推進する際には，パターナリズム(paternalism，父権主義)に対する多くの米国民の拒絶反応が問題になる．パターナリズムは，(愛情あふれる父親が幼い子どもに接する場合のように)強い立場にある者が，弱い立場にある者の利益のために良かれと思って，本人の意思は問わずに介入・干渉・支援することを言う．パターナリズムによる介入は，善意と高い理想に支えられた場合でさえ，必然的に上から目線となり拒絶反応

を引き起こしうる.

第 3 章

(中国サイドから見た日米摩擦の教訓の原典)

Yuwa Hedrick-Wong "China's Japanese Lesson For Fighting Trump's Trade War" 2018.
https://www.forbes.com/sites/yuwahedrickwong/2018/08/05/chinas-japanese-lesson-for-fighting-trumps-trade-war/?sh=39cb878428d2

である.

(バブル期の金融政策運営を拘束した政策思想)

政策思想としての国際政策協調の弊害を検討したものとして,

翁邦雄・白川方明・白塚重典「資産価格バブルと金融政策」香西泰・白川方明・翁邦雄編『バブルと金融政策――日本の経験と教訓』日本経済新聞社, 2001 年所収

がある. この論文では, 国際的な政策協調のほか, 円高阻止, 内需拡大による経常黒字縮小という 3 つの政策思想を取り上げている. 政策思想はそのときどきの経済情勢によって変わってくるが, 一旦そうした政策思想が広がると, 金融政策もその影響から免れ難くなる, としている. 行動経済学的な言い方をすれば, 経済政策についてのミスリーディングなフレーミングをリセットする困難がいかに大きいか, という問題と捉えることもできるだろう.

米国サイドで国際政策協調を批判したフェルドスタインの講演は,

Feldstein, Martin S. "Distinguished Lecture on Economics in Government: Thinking About International Economic Coordination" *Journal of Economic Perspectives* 1988, 2 (2), 3-13.

である.

(人口置き換え水準出生率)

人口が長期的に増えも減りもせずに一定となる出生の水準を

「人口置換水準出生率」と呼んでいる．直観的には両親から子どもが2人生まれ無事に育てば人口は変わらないので2.0になる．より厳密には出産年齢の女性の死亡率や出生児の男女比(出生性比)によって変化する．日本の場合，合計特殊出生率でみた人口置換水準は概ね2.07とされている．

(移民問題の現状と将来展望)

翁邦雄『移民とAIは日本を変えるか』慶應義塾大学出版会，2019年

では，「移民の経済学」を踏まえ，日本の移民受け入れの現状，そのありうべき将来像，経済的・社会的影響について，欧米の実情との比較等を踏まえて包括的に検討している．

(移民統合政策指数による国際比較)

この指標についての本文の説明は，

山脇啓造「移民統合の国際比較」多文化共生ポータルサイト，2021年2月19日

http://www.clair.or.jp/tabunka/portal/column/contents/115030.php

による．

2020年12月調査における日本の成績を分野別にみると，労働市場59点，家族呼び寄せ62点，教育33点，政治参加30点，永住63点，国籍取得47点，反差別16点，保健65点とされており，反差別，政治参加，教育の評価が低い．

(新型コロナウイルス感染症拡大予防のためのナッジ研究)

さまざまな研究が行われており，日本経済学会は，新型コロナウイルス感染症に関する経済学的研究を紹介するための特設サイトを開設している．

https://covid19.jeaweb.org/

このサイトでは，多岐にわたる研究が紹介されているが，例えば，

森脇大輔・原田宗一郎・シュナイダージヤン・星野崇宏「新型コロナウィルス感染症の予防行動へのナッジの効果――スマートフォン広告を用いた大規模無作為化対照実験から」Keio-IES Discussion Paper Series, 2020年11月

は，個人の予防行動を強めるためのナッジの有効性を調査した研究であり，東京都内の携帯電話利用者30万人を対象に，スマートフォンのGPS情報を利用して，ナッジが人の移動に及ぼす影響を測定している．その際，いくつかのタイプのメッセージを比較し，最も効果的だったメッセージは金銭的損失回避を強調するものだったこと，1人あたり0.1ドル以下のメッセージ配信コストで，受信者の週末1日あたり約52分の屋外活動を減らしていることなどを紹介している．

（シラーの米国経済学会会長講演）

Shiller, R. J. "Narrative Economics" *American Economic Review* 2017, 107 (4), 967-1004.

である．なお，この講演のアイディアから派生した単行本が2019年に出版され，その邦訳が，

シラー，ロバート・J. 著・山形浩生訳『ナラティブ経済学――経済予測の全く新しい考え方』東洋経済新報社，2021年

として出版されている．この本では，ナラティブの影響を示すために，さまざまな事例と同時代の証言が豊富に引用されている．ただ，大著化することで説得力が増した，とは必ずしも言えないように感じる．シラーのアイディアのエッセンスを理解するうえでは，インターネットでアクセスできるコンパクトな米国経済学会会長講演で必要かつ十分だと考える．

第4章

（名目賃金の下方硬直性と行動経済学）

ヒトとエコンの違いがマクロ経済に大きな影響を及ぼしうる例として，名目賃金と実質賃金の変動をヒトがどう受け止めるのか，という問題がある．

名目賃金は金銭的な賃金，実質賃金は名目賃金を物価上昇率で調整したものである．景気が悪く，失業者が増える状況でも名目賃金引き下げへの抵抗が強い現象は，名目賃金の下方硬直性と呼ばれており，ケインズの一般理論にも出てくる．ケインズの仮説は，労働者の関心は相対賃金にあり，人々は自分だけが賃下げを受け入れた場合，他人に比べて相対的に(実質)賃金が低くなってしまうことを気にかけるため，短期的には名目賃金は下方に調整されにくいが，一般物価の上昇など，すべての人々が直面する事象によって実質賃金が一律に低下することには抵抗しない，というものであった．しかし，これはエコンである労働者の合理的行動とは言えない．マクロ経済分析に「合理的期待」を導入し，労働者も合理的なエコンであることを想定するメインストリームの経済学の旗手だったロバート・ルーカス(1995年ノーベル賞受賞)は，筆者がシカゴ大学の院生だったころ，講義で「人々が名目賃金の切り下げを受け入れない結果，名目賃金の低下の代わりに失業が発生する」というケインズ的な考え方は「およそ不合理でお話にならない」と切り捨てていた．セミナーその他でも同様のコメントを繰り返していたことはよく知られており，前掲の吉川(2020)にも紹介されている．

ただ，名目賃金の下方硬直性は，人の判断・行動に行動経済学的な要素があることで説明できる可能性がある．直観的にわかりやすい一例として，セイラーが『行動経済学の逆襲』で紹介している「賃下げ思考実験」へのアンケート結果を挙げておこう．

いま，不況に見舞われ大量の失業者が出ている地域で何とか利益を上げている会社があり，大勢の労働者がこの会社で働きたいと思っているが，会社は今年，実質賃金を7%下げることを決めている，とする．

質問1)この地域でインフレが起きていないと仮定すると，会社は今年，名目賃金を7%下げる必要があることになる．容認できるか，不公正か？

このアンケートに対しては，容認できるは38%にすぎず，不公正である，という答えが62%になる．

質問2)この地域で12%のインフレが起きていると仮定すると，会社は今年，名目賃金を5%しか上げないことになる．これを容認できるか，不公正か？

このアンケートに対しては，容認できるは78%に達し，不公正は22%にすぎない．

実質賃金の低下率は同じでも，名目賃金の引き下げは「損失を与えるもの」と受け取られ，不公正という反応を惹起する．しかし，名目賃金が上がっていれば，損失感情は沈静化し容認に大きく傾く．

公正性はどの程度重要なのだろうか．ケインズの難解な「一般理論」の議論を普通の学生でも理解できる枠組み(IS-LMモデル)で明快に説明し，英国最後の大経済学者と言われたジョン・ヒックス(1972年ノーベル賞受賞)は，1974年の論文で「正規の雇用においては，効率性の観点からも雇い手である企業，雇われる労働者，双方とも雇用が継続するよう期待できることが必要である……したがって効率性のためにも，賃金は企業・労働者双方，とりわけ労働者に公正だと思われるものでなければならないのである」と公正性の重要性を主張している(吉川(2020)の引用の抜粋による)．

ヒトの判断は公正性にも依存する．だから，公正性を規定するそのときどきの社会規範次第で名目賃金が下方硬直性を持つことは，人間がエコンであることを前提とするメインストリームの経済学が考えるほど不自然ではないかもしれない．合理性に純化していったルーカスと異なり，ケインズやヒックスは，人間の判断の拠り所として社会規範や公正性を重視する行動経済学的視点も包摂して，より総合的に人間行動を把握しようとしていた，とも言える．なお，

黒田祥子・山本勲「なぜ名目賃金には下方硬直性があり，わが国ではその度合いが小さいのか？——行動経済学と労働市場特性・マクロ経済環境の違いによる説明」『金融研究』24(4)，2005年

では，行動経済学的な知見も踏まえて，日本の名目賃金の下方硬

直性についての実証的な検討を行っている.

（メインストリームのマクロ経済学の金融政策論）

本論で紹介した，メインストリームのマクロ経済学のインフレ目標や政策ルールの捉え方についてのウッドフォードの議論は，

Woodford, Michael "Inflation Targeting: A Theoretical Evaluation" Papers for 28th Federal Reserve Bank of St. Louis Annual Economic Policy Conference, Inflation Targeting: Prospects and Problems, October 16-17, 2003.

をなぞっている．ただし，ウッドフォードは，中央銀行が，国民は政策を完全に理解するという仮定に過度に依存して行動することも不適切だ，とも指摘している.

第5章

（売出手形と付利中央銀行当座預金）

筆者が，付利中央銀行当座預金は売出手形とほぼ同じ，ということをたまたま，ある高名な金融ジャーナリストの方との意見交換の際に伝えたところ，意外にも，そんなことは考えたこともなかった，という反応だったので，本論ではやや詳しく説明することにした．日銀の公式記録のなかで付利中央銀行当座預金と売出手形はほぼ同じ，という認識を示している議論の例としては，1999年2月12日の金融政策決定会合議事録における，山下泉金融市場局長の説明がある.

（複数均衡と2013年1月に導入した日銀・政府の共同宣言）

中曽宏副総裁は2014年4月の講演で，自己実現的な複数均衡とは少し異なる複数均衡論で日本経済を解釈している．日本経済についてインフレ均衡とデフレ均衡があり，政策金利が下限に到達すると，デフレ均衡に陥ってしまう．ここから脱出するには，金融政策単独だけでは無理であり，インフレ均衡にあっては独立的に運営される金融・財政政策を異なるアプローチで運営する必要がある，とし，2013年1月に導入した日銀・政府の共同宣言

は，こうした金融・財政政策の協業を可能にするコーディネーション・ディバイスとして重要な役割を果たしている，と述べている．興味深い見解だが，中曽氏の解釈に反して，安倍総理は，物価目標達成は日銀単独の責任という議論を一貫して展開しており，実際には，日銀の片務的な性格が強かった．筆者には日銀・政府の共同宣言が金融・財政政策の協業を可能にするコーディネーション・ディバイスとして機能したとは思えない．

（債券アナリストから見たメインストリームの経済学）

債券市場などの実務家がエコンかヒトかはともかく，実務家は必ずしもメインストリームの経済学者と経済モデルを共有していない．メインストリームの経済学者は，実務家は意識していなくともメインストリームの経済学に沿った行動をしている，と仮定することが多いが，実務家からは，メインストリームの経済学者の議論は，しばしば市場を理解しない非現実的なものとして受け止められている．こうした実務家の見解については，例えば，

森田長太郎『経済学はどのように世界を歪めたのか――経済ポピュリズムの時代』ダイヤモンド社，2019 年

がある．

（米国における家計の金融政策のアナウンスへの反応の出典）

Fiorella De Fiore, Marco Lombardi and Johannes Schuffels "Are Households Indifferent to Monetary Policy Announcements?" BIS Working Papers 2021, No. 956.

である．

（生活意識に関するアンケート調査のインフレ予想の性質）

西口周作・中島上智・今久保圭「家計のインフレ予想の多様性とその変化」『日銀レビュー』2014 年 3 月 27 日

この論文は，生活意識に関するアンケート調査のインフレ予想についての定量的な回答データをつぶさに検討している．10% 以上の高インフレ予想や－10% 以下のデフレ予想が回答全体の 1

割強を占めるなど，回答には極端な数値が含まれるため，集計値である平均値はその影響を免れないこと，また，同調査の場合，回答者が物価下落を予想していても，マイナスの値ではなく「0%」と回答する下方硬直性が存在するとか，回答には「整数」や「5の倍数」が多く含まれるという固有の報告バイアスもみられる，などの問題点を指摘したうえで，そうしたバイアスの補正方法を検討している．

興味深い観察と工夫がみられる論文である．だが，こうした不連続でエコノミスト泣かせの結果の背景には，大多数の回答者は，アンケートの対象になるまで，予想インフレ率が何%なのかをほとんど意識せず無関心のまま暮らしており，突然数値化した回答を迫られる，という事情があるだろう．

（正常性バイアスが崩れるインフレ率）

インフレ率についての正常性バイアスに関連してメキシコのデータ等を分析しているFRBスタッフの論文は，

Pfajfar, Damjan and John M. Roberts “The Role of Expectations in Changed Inflation Dynamics” Finance and Economics Discussion Series 2018.

である．

（賃金・雇用と長期停滞）

なぜ日本だけが慢性的にマイルドなデフレなのか，についてメインストリームの経済学の理解を批判的に検討したうえで，日本のデフレのカギは賃金にある，として大きな反響を呼んだのは，

吉川洋『デフレーション』日本経済新聞出版社，2013年

である．

他方，長期停滞の背景についての企業，家計行動についての広範なサーベイと自身の実証分析を踏まえ，長期停滞から脱却するには，安定的な正規雇用を望む人が正規で雇用されうる雇用システムの整備と信頼に足る年金制度を確立すべき，と提言しているのは，

小川一夫『日本経済の長期停滞――実証分析が明らかにするメカニズム』日本経済新聞出版，2020年

である．また，いわゆる長期停滞論についての読みやすい解説書としては，

福田慎一『21世紀の長期停滞論――日本の「実感なき景気回復」を探る』平凡社新書，2018年

がある．

(BITによるEASTの解説)

2010年に発足し，行動経済学的アプローチへの理解をグローバルな政策コミュニティに広めるうえで大きな役割を果たしてきた英国の行動洞察チーム(BIT)は，EASTという基準を提唱し4つの原則を挙げている．

The Behavioural Insights Team "EAST: Four Simple Ways to Apply Behavioural Insights" 2015.

https://www.bi.team/wp-content/uploads/2015/07/BIT-Publication-EAST_FA_WEB.pdf

むろん，予想インフレ率の引き上げは，通常のEASTの対象行動とは異なる．しかし，それでも，明らかに妥当性を持ちそうな項目は多い．BITの4原則は，

Make it EASY
Make it ATTRACTIVE
Make it SOCIAL
Make it TIMELY

である．

これらの点について少し考えてみよう．

• Make it EASYという観点では，計測誤差，のり代，グローバル・スタンダードという説明は経済学者向けで，一般国民には咀嚼困難にみえる．

• Make it ATTRACTIVEであるためには，一般国民にとってポジティブなストーリーが必要だ，ということになるはずだ．

• Make it SOCIALであるには，社会規範を変える，あるいは他

の人々は望ましい行動を採っている，ということを示すことが必要になる．

• Make it TIMELY という観点では，本論でもふれたように米国の大恐慌当時とは異なり，一般国民にとっては受け入れやすいタイミングではなかったと考えられる．

（メインストリームの経済学者の勘違い）

メインストリームの経済学者のなかで導入後，早い段階でアベノミクスの検証と展望を試みた論文は，

Hausman, Joshua K. and Johannes F. Wieland “Abenomics: Preliminary Analysis and Outlook” 2014.

http://www.brookings.edu/wp-content/uploads/2016/07/2014a_hausman.pdf

である．なお，上記の論文では本論で述べた推測をもとに，アベノミクスを経済政策上のきわめて興味深い実験であり，成功すれば欧米の金融政策にも大きな影響を与えるべきもの，と肯定的に評価しているものの，実験開始ほぼ 1 年後の時点で，日本では「レジーム・チェンジ効果」が観察されていないことを報告した．さらに 2015 年の “Abenomics: An Update” という続報論文では成長への寄与は結局，驚くほど小さかった，と結論づけている．

（インフレ目標引き上げを巡って）

目標インフレ率を 4% に上げるべきだ，というブランシャールらの議論の原典は，

Blanchard, Olivier, Giovanni Dell’Ariccia and Paolo Mauro “Rethinking Macroeconomic Policy” IMF Staff Position Note, 2010.

である．また，インフレ目標引き上げの提言の論拠をわかりやすく説明しているのは，

Bivens, Josh “Is 2 Percent Too Low?: Rethinking the Fed’s Arbitrary Inflation Target to Avoid Another Great Recession” 2017.

https://files.epi.org/pdf/129551.pdf
である．他方，米国については何とか 2% 目標でもやっていけるのでは，というバーナンキ講演は，

Bernanke, Ben S. “The New Tools of Monetary Policy” *American Economic Review* 2020, 110 (4), 943-983.

である．

（なぜ単なる無関心でなく「合理的」無関心になるのか）

Pfajfar and Roberts (2018) が「合理的無関心」の概念の出所としている論文は，

Sims, Christopher A. “Implications of Rational Inattention” *Journal of Monetary Economics* 2003, 50 (3), 665-690.

である．

本書の関心事項である「エコンとヒトとの区別」の観点からは，個人や企業がインフレ率に無関心である場合，その無関心は，ほんとうに「合理的」無関心なのか，というのも気になるところである．

合理的無関心仮説は，個人や企業はエコンであるが，情報処理能力に限界があるので，すべての情報を注目すべき情報とそれに値しない情報に区別しており，後者群は意図的に（合理的に）無視する，ということになる．この仮定はハイファの保育園の罰金効果についての実験結果を，保育園経営者と保護者の「合理的ゲーム」から説明するのと同じように非現実的に響く．しかし，大多数のメインストリームの経済学者には，何らかの意味での「合理性」という枠を外すと経済学として成立しない，という感覚があるのも事実であり，この観点から合理的無関心として説明したくなるのは，理解できないことではない．

（正常性バイアスと物価の財政理論）

シムズのインタビューの出所は，

http://www.centralbanking.com/central-banks/monetary-policy/2421579/nobel-economist-sims-on-fiscal-stimulus-eurozo

ne-loss-sharing-and-role-of-central-banks
である.

（インフレ率を引き上げる2つの提言の原典）

Feldstein, Martin "Commentary: Is There a Role for Discretionary Fiscal Policy?" In the Proceedings of a symposium sponsored by the Federal Reserve Bank of Kansas City, Jackson Hole, Wyoming, August 29-31, 2002.

Bernanke, Ben S. "Some Thoughts on Monetary Policy in Japan" At the Japan Society of Monetary Economics, Tokyo, Japan, May 31, 2003.

である.

付録：金融政策に関するノート

本論では基礎的な説明を大幅に簡略化しているので，いくつかの項目について説明を補足する．

中央銀行の金利誘導と決済との関係

本論では，公開市場操作による中央銀行当座預金の総量の増減と金利政策をいきなり直結させて説明した．だが，中央銀行が無担保コールレートなどの政策金利を適切と考える水準に誘導するうえで根底にあるのは，決済(資金決済)である．最も基本的な点は，さまざまな金融機関(さまざまな業態があるが，以下では単に「銀行」と呼ぶ)の業務＝事業活動や金融活動に伴って生じる取引の決済は，最終的には銀行間の中央銀行当座預金の振替によって完了することである．

決済は日々の日常生活に欠かせない．私たちが，コンビニやスーパーで日用品を購入するとき，対価を支払う．それが決済である．その際，現金を使えばその場で決済は最終的に完了している．

しかし，クレジット・カードを使ったり，銀行口座で振り込んだりした場合，厳密には，その時点では購入した財やサービスの代金が最終的に取引相手にわたっておらず決済が完了している，とは言えない．いろいろな資金決済は，最終的には中央銀行通貨の受け渡しで完了する．例えば，ある家の二階を間借りし，部屋の賃料3万円を大家さんに支払う太郎さんの場合を考えてみる．毎月，日銀券3万円を大家さんに手渡す，というのも中央銀行通貨を使った最終決済である．これで賃貸サービスの決済は最終的に完了する．

しかし，直接手渡さずに，A銀行にある太郎さん名義の預金口座から，大家さんの預金口座のあるB銀行の口座に賃料3万円を振り込むという方が普通だ．この場合，3万円は，A銀行からB銀行に送金されて大家さんの口座に入金される．その際，A銀

行とB銀行の資金の受け渡しは，2つの銀行が日銀に持っている当座預金口座の資金移動によって完了する．クレジット・カードその他の決済手段を使っても，最終的には預金口座間の資金移動に帰着する．

銀行が中央銀行に開設している当座預金勘定は，銀行同士の資金決済のほかにも，銀行と日銀の銀行券の受け払い(預金者との銀行券受け払いのため)，政府との資金の受け払い，などに用いられる．こうした資金決済の結果として，各銀行の日銀当座預金残高は不足したり，決済のためには多すぎたりする．

たとえば，いま，A銀行の顧客たちのさまざまな取引による他行への支払いの総額が他行からの受け取り総額より多いと，決済の結果としてA銀行の中央銀行当座預金が減少し，場合によっては残高が不足することになる．

この場合，A銀行は不足している資金を銀行間の資金の貸し借りの場である短期金融市場——日本の場合は，コール市場——で借り入れて手当てする(コールマネーの取り入れ，と呼ぶ)．逆に，もしB銀行で，中央銀行当座預金が過剰になると，とりあえず資金を短期金融市場で貸して運用する(コールローンの放出という)．日銀当座預金口座に金利が付かない場合にはそのまま置いておくより，貸し出して金利を稼ぐ方がよいからだ．このようにして，個別の銀行は資金過不足を短期金融市場で調整する．

資金決済のために使うのは日銀当座預金であり，結果として生じる銀行の資金過不足を調整するのは日銀当座預金の貸し借りである．日本に限らず，大半の国で，決済は，最終的に自国(例えば，日，米，英など)ないし所属地域(例えばEU)の中央銀行通貨(銀行券，当座預金)の移動に帰着する．

中央銀行が，ビットコインなど中央銀行通貨とリンクされていない暗号資産が大規模に決済に使われることを強く警戒してきた大きな理由の一つは，この枠組みが破壊される点にある．

金融政策における金利の位置づけ

以下の2つの理由から，金利を金融政策の中核に据えるのが一

般的である．

理由その1：ケインズ由来の伝統的なマクロ経済学でも，ミクロ経済学化された現在のメインストリームのマクロ経済学でも，金融政策の基本は金利と考えられている

理由その2：日銀を含め主要中央銀行は，金融政策の中心的な経路は金利だ，と説明している

日銀の説明を見よう．日銀ホームページには「教えて！にちぎん」という項目がある．「教えて！にちぎん」は，日銀に寄せられることの多い金融，経済に関する質問についてQ＆A形式で解説している．そこで，

Q）金融政策は景気や物価にどのように影響を及ぼすのですか？

という項目を見ると，

A）一般に，金融政策による，（実質）金利の低下・上昇が経済活動に与える影響は，以下のように考えられています．

金利が下がると，金融機関は，低い金利で資金を調達できるので，企業や個人への貸出においても，金利を引き下げることができるようになります．また，金融市場は互いに連動していますから，金融機関の貸出金利だけでなく，企業が社債発行などの形で市場から直接資金調達をする際の金利も低下します．

そうすると，企業は，運転資金（従業員への給料の支払いや仕入れなどに必要なお金）や設備資金（工場や店舗建設など設備投資に必要なお金）を調達し易くなります．また，個人も，例えば住宅の購入のための資金を借り易くなります．

こうして，経済活動がより活発となり，それが景気を上向かせる方向に作用します．また，これに伴って，物価に押し上げ圧力が働きます．

このように，景気を上向かせるために行われる金融政策は，金融

緩和政策と呼ばれます．

一方，金利が上昇すると，金融機関は，以前より高い金利で資金調達しなければならず，企業や個人への貸出においても，金利を引き上げるようになります．

そうすると，企業や個人は，資金を借りにくくなり，経済活動が抑制されて，景気の過熱が抑えられることになります．また，これに伴って，物価に押し下げ圧力が働くことになります．

このように，景気の過熱を抑えるために行われる金融政策は，金融引締め政策と呼ばれます．

と解説されている．

この説明からわかることは，日銀が，金融政策は，景気対策として中央銀行が金利を上げ下げするもの，と位置づけていることである．景気対策という書き方に込められている意味は，金融政策が日本の成長率のトレンドを上げる構造政策ということではなく，日本経済の生産力に見合った成長率より成長が下振れているときには金利を下げ，上振れているときには金利を上げることで，現実の成長率のトレンドからの乖離を小さくする安定化政策，という位置づけにある，ということを意味する．

本論でもふれたように，金利には名目金利と実質金利がある．中央銀行が直接コントロールできるのは名目金利である．しかし，企業や家計がお金をこれから貸し借りする，という判断にあたっては，返済時点のお金の価値（購買力）が重要になる．

お金の購買力の変化であるインフレ率を織り込む，というのが実質金利を使う趣旨である以上，実質金利を考えるときに重要なのは過去のインフレ率ではなく，これからのインフレ率の見通し（予想インフレ率）がどうなるかだ．このため，実質金利の定義は，

実質金利＝名目金利－予想インフレ率

になる．例えば，元金が100円，利子が年1円だとすれば，名目金利は1%だが，その1年間に物価が2%上がると見込まれれば，実質金利はマイナス1%，逆に2%下がると見込まれれば，実質金利はプラス3%，ということになる．

2013年のいわゆる異次元緩和が基本的に金利政策からの脱却を図ったものではないことは，本論で説明したとおりであり，予想インフレ率への働きかけも，実質金利は名目金利から予想インフレ率を引いたもの，という上記の関係式でみるとおり，実質金利を下げることを企図した政策，ということになる．

自然利子率と金融政策・財政政策の関連：概念図を使った解説

図A-1は自然利子率の概念図である．縦軸に実質金利，横軸にGDPをとる．縦の垂直の線は，完全雇用に対応する国内総生産(GDP)の水準である．経済の潜在的実力を示すという意味で潜在GDPと呼ばれる．右下がりになっている曲線は実質金利水準が与えられたとき，それに応じて発生する財・サービスの需要を示す(ケインズ経済学のIS曲線にあたる)．実質金利が下がるほど，今のうちに設備投資や住宅投資などを行おうとする需要や自動車などの耐久消費財の購入が前倒しされるので，この曲線は右下がりになる，と考えられている．

政府支出はこの曲線を描く前提になっている．しかし，もし，公共投資の水準が増加すれば，同じ金利でも需要が増えるから，この曲線は上の方に移動する．したがって，完全雇用の達成が政府(財政政策)の任務であれば，中央銀行の設定する実質金利を前提に，財政支出の規模を調節することを通じて完全雇用の達成を図ることになる．図A-2は経済の初期状態で自然利子率より実質金利が高い場合である．この場合，拡張的財政政策で需要を増やすことで自然利子率が上がり，完全雇用が達成できる．

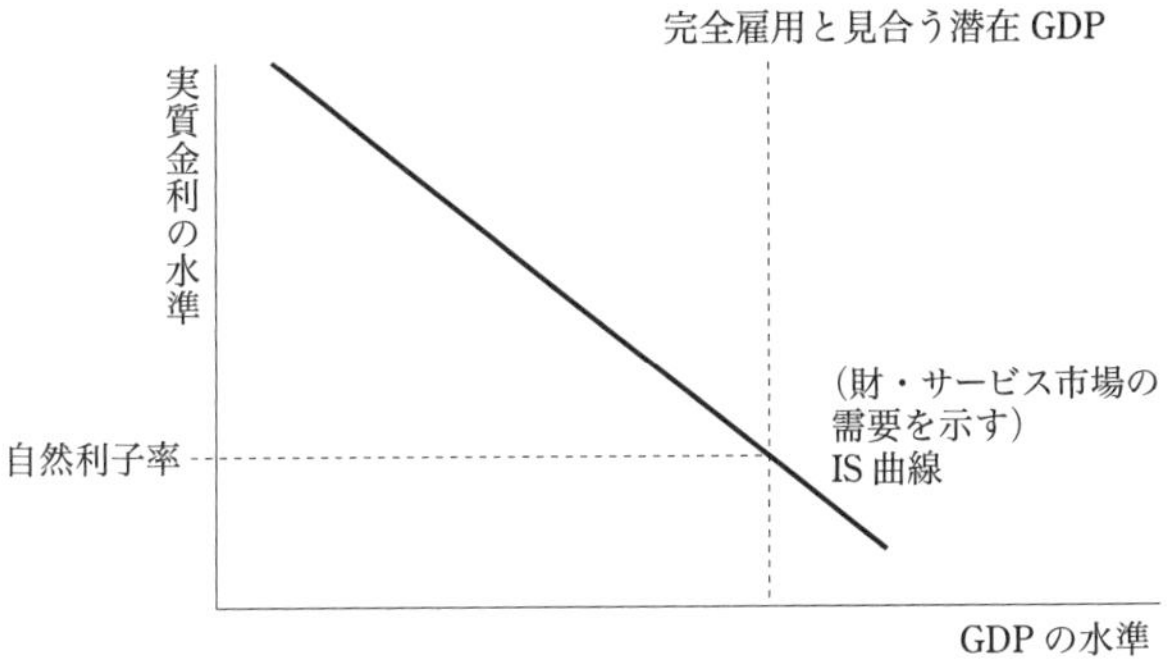

図 A-1　財政政策が所与の場合の自然利子率の概念図

出典：Laubach, Thomas, John C. Williams "Measuring the Natural Rate of Interest Redux" Federal Reserve Bank of San Francisco Working Paper Series, October 2015. に基づく

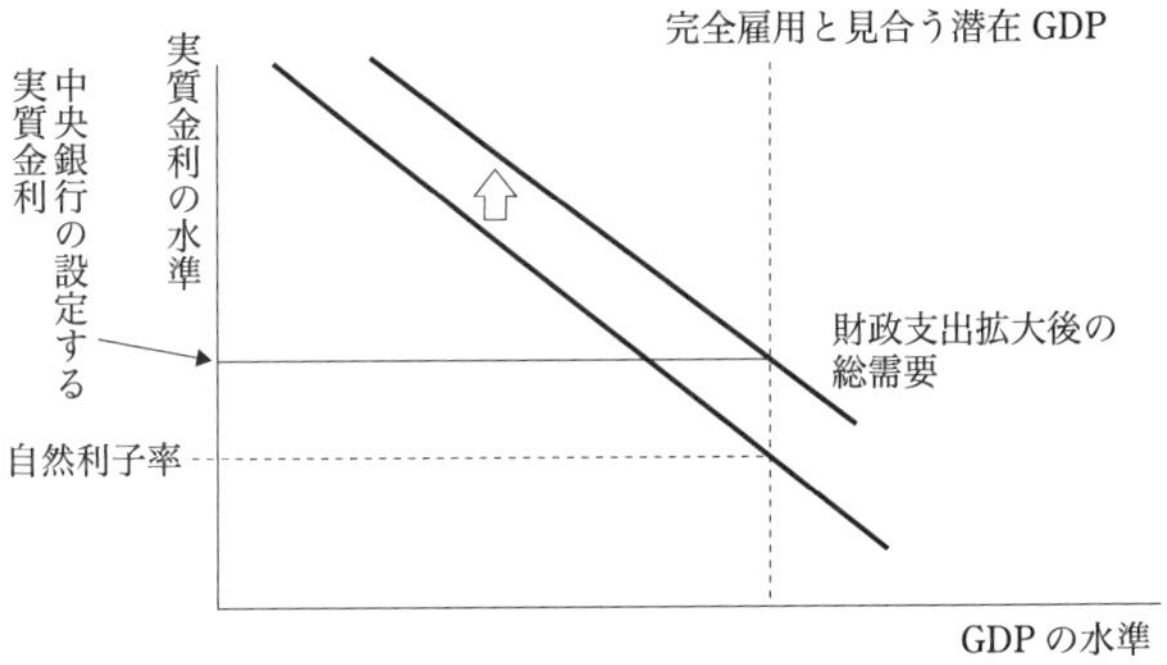

図 A-2　財政政策が完全雇用達成を担う場合の概念図

出典：筆者作成

政策ルール

本論のウッドフォードの議論では「政策ルール」という単語が登場している．現実の金融政策運営では，中央銀行は実質金利をいきなり自然利子率にジャンプさせようとするわけではなく，景気や物価の情勢によって，金利の誘導水準にメリハリをつけている．具体的には，インフレ率が目標を大きく下回っているほど金利を自然利子率より下振れさせ，失業率が完全雇用に対応する水準の失業率(摩擦的失業という)を大きく上回っているほど，実質金利を大きく低下させる，というのが自然な処方箋になる．

こうした金利の決め方は「ルール」にできるのではないか，と

表 A-1　実質政策金利で表現したテイラー・ルール

テイラー・ルールは
① 自然利子率の水準,
② インフレ率が目標インフレ率からどれだけ乖離しているか,
③ 需給ギャップ(GDP が潜在 GDP からどれだけ乖離しているか)
に応じて，政策金利を引き上げる(引き下げる),
具体的には

実質政策金利＝自然利子率＋$(\alpha-1)\times$(インフレ率－目標インフレ率)＋$\beta\times$GDP ギャップ

ただし，α と β は，政策反応パラメータと呼ばれる正の定数であり，この値が大きいほど経済の振れに対して積極的に金利を上下させる金融政策を表す．テイラーが最初にこのルールを提案したときには，米国の経済と金融政策を対象として，次のような設定がなされた．

- 自然利子率は 2%
- 目標インフレ率は 2%
- 政策反応パラメータについては，$\alpha=1.5$，$\beta=0.5$ と設定

これらの設定に基づくテイラー・ルールは「オリジナルのテイラー・ルール」とよばれ，1987～92 年にかけて米国の金融政策を見事に記述できることで大きな注目を集めた．

出典：筆者作成

いう考え方で政策金利の設定方式を提案したものとして最も有名なのが，スタンフォード大学のジョン・テイラーが 1992 年 11 月のカーネギー・ロチェスター・コンファランスで発表したテイラー・ルールである．テイラー・ルールは誘導すべき超短期の金利(日本なら無担保コールレート翌日物，アメリカならフェデラル・ファンド・レート)の水準をインフレ率，(失業率と密接に関連する) GDP ギャップとの関係で決めるべき，とするものである．具体的には，表 A-1 を見てほしい．

ただし，名目金利がゼロ近辺になると，名目金利を動かすことで実質金利を誘導するのは困難になるので，このルールどおりの政策運営はできなくなる．

金融緩和が機能回復する条件

日本では金融緩和が事実上，機能しなくなっている．それは，自然利子率の低下により金融政策が金利下限との闘いになっていることによる．日本で金融政策の機能を回復して経済状況を好転させていくには，自然利子率を高める必要がある．

自然利子率を高めることは潜在成長率を高めることとほぼ同義になる．アベノミクスのファースト・ステージでも真打は「第三の矢」の成長戦略だったが，残念ながら，成長率は上がらず，潜在成長率は低下し続けている(図 A-3)．

では，どのような処方箋が考えられるだろうか．本論でもふれたように，財政支出による自然利子率の押上げは原理的に少なくとも一時的には有効だが，持続可能性という課題に直面する．

成長戦略は民間需要の持続的拡大への道筋をつけるものであるが，民間需要の増加には，2 つの可能性がある．

一つは，これまでにない新たな財・サービスの需要を作り出していくこと．もう一つは経済の規模を拡大させる(ないし縮小に歯止めをかける)ことで既存の需要の飽和を防ぐことである．

一定の人口であれば，新たな財・サービスの需要を作り出さないかぎり，既存の財・サービスへの需要は飽和に直面する．高度成長期の三種の神器(自動車，エアコン，カラーテレビ)，持ち家

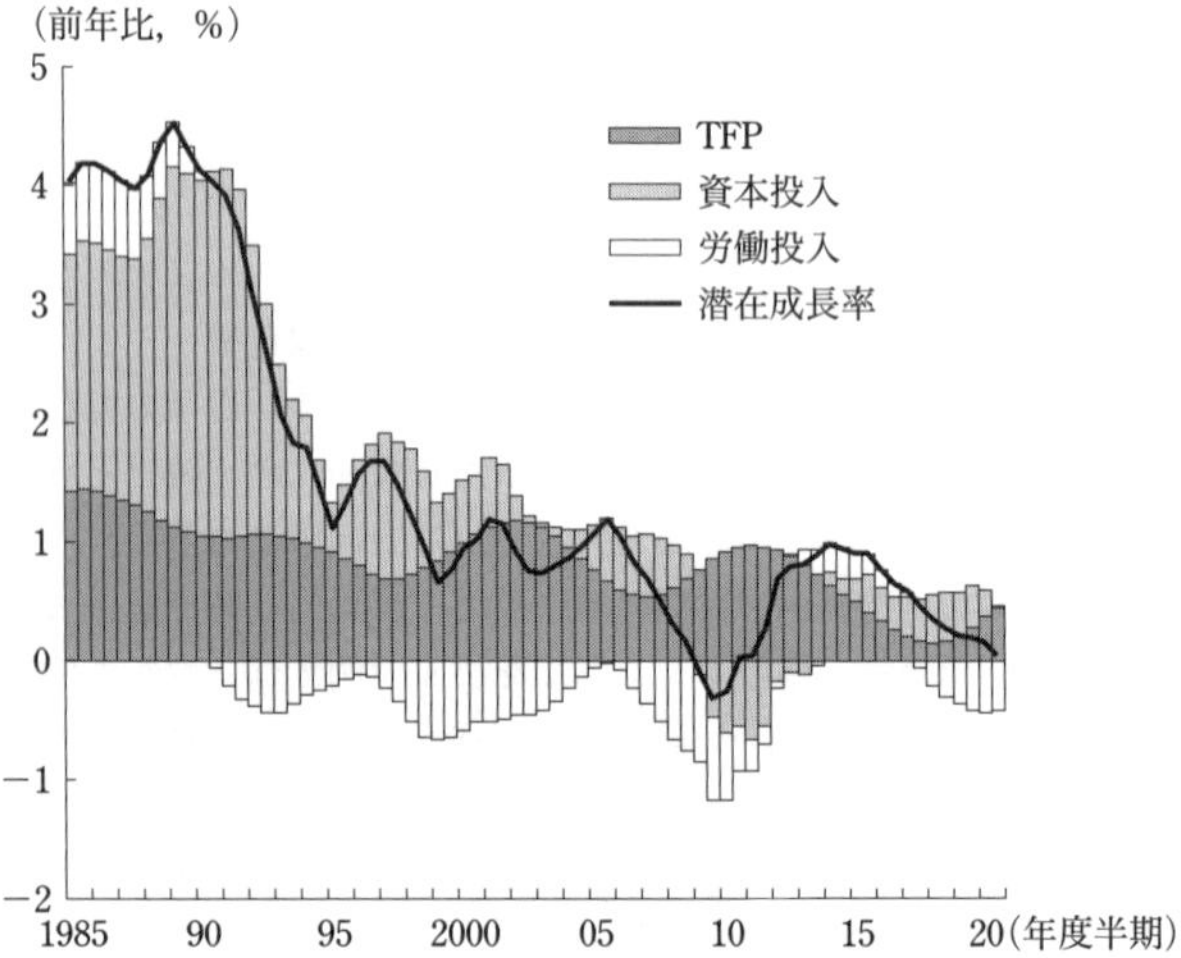

図 A-3　潜在成長率の日銀推計値(2021 年 4 月)

注：日本銀行スタッフによる推計値．2020 年度下半期は，2020 年第 4 四半期の値．
出所：日本銀行

政策などは普及期には急速に需要を高めるが，それらが人々に行き渡っていくにつれて需要は減退し，自然利子率に低下圧力をかける．この文脈では，人口減少は需要飽和を加速させる．

人口減少社会でも，つぎつぎに新しい財・サービスへの需要を生みだしていくことができれば，自然利子率は上がる可能性がある．とはいえ，新しい財・サービス需要を生み出すのは民間起業家の慧眼によるところが大きく，政府にできることはその環境整備になる．なお，高齢化という社会環境の変化や気候変動対策の必要性は，負の側面だけでなく新たな財・サービス需要を生み出す可能性も秘める．

他方，経済の規模を拡大させるないし縮小に歯止めをかける具体策は，人口減少への対処である．人口問題は，政府の政策がより直接的影響をもたらす．短期的には移民を積極的に受け入れ，

中長期的に希望出生率・実現出生率が上げられれば，それ自体，自然利子率を押し上げる効果がある．しかし，移民が社会にとって望ましい結果をもたらすかどうかは，本論で説明したように，移民へのフレーミングに大きく依存するはずである．

インフレ目標と物価水準目標の違い，政府債務危機

本論でも述べたように，例えば，2% のインフレ目標の場合，インフレ率が 2% 下回り続けそうだったら緩和，超え続けそうだったら引き締め，というのがおおざっぱな方向感になる．

これに対し，物価水準目標の場合，どこか適当な時点を決め，そこから物価指数水準のトレンド線を引く．例えば，今年の消費者物価水準目標が 150，トレンド上昇率が 2%，現実の消費者物価指数水準が 100 とする．物価水準目標は，来年は，153，再来年は 156，その次の年は 159 と上昇していく．そこに物価水準を追いつかせることが目標になる．

目標トレンドの水準に現実の物価水準が追いつくまでが，「リフレ期間」になる．リフレ期間には，インフレ率を 2% 程度とする通常のインフレ目標の数字をはるかに超えた高率のインフレを容認することになる．例えば，物価水準目標のトレンド的な上昇率が 2% であり，トレンドを追いかけ始める出発点の物価水準が低ければ，実際のインフレ率が 2% をかなり超える期間が相当長期間にわたるか，短期間，激しいインフレが続かないと，目標にはいつまでも追いつかない理屈になる．

物価水準目標を採用した場合，リフレ期間には中央銀行は，高率のインフレが起きても金融を引き締めず，低金利を維持することになる．したがって政府は利払い負担の急増を避けることができる．

インフレ目標では，インフレ率が目標を超えて上昇すれば，金利を上げてインフレを抑え込む必要があり，中央銀行はマネタイゼーションからの離脱を余儀なくされる．換言すれば，政府が大きな債務を抱えている状況では，インフレ目標を守るためのマネタイゼーション離脱／金利上昇と政府債務危機回避に矛盾が生じ

やすい.

これに対し，リフレ期間の低金利を使って財政危機を回避しよう，というのは物価水準目標政策の狙いの一つになる.